Inhaltsverzeichnis

Der neueste Trend in der Welt der Cocktails 4
Die richtigen Zutaten für Schäume, Drops und leuchtende Cocktails 8
Agazoon 10
Algizoon 11
Calazoon 12
Celluzoon 13
Xanthazoon 14
Illuzoon / Lycozoon 15
Herstellung von Liquid Drops 16
Herstellung von Schäumen 18
Herstellung von festen Gelees 20
Herstellung von fluiden Gelen 22
Illuminieren und Färben 24

FÜR DEN EINFACHEN EINSTIEG

Gin Fizz Espuma | Frank Kuske 28
Casino Royal | Chris Hilger 30
Bombay Crush mit Zitronengras | Mario Körber 33
Bacardi Razz light | Frank Kuske 34
Sex on the Beach | Sven Wallnewitz 36
Geschäumter Bounty | Mario Körber 39
Wodka Melon Sticks | Sven Wallnewitz 40
Wodka Gimlet | Sven Wallnewitz 42
Tequila-Schaum in Rambutan | Mario Körber 45
Mojito | Axel Herz 46
Tequila Sunrise verkapselt | Sven Wallnewitz 49
Strawberry Daiquiri | Sven Wallnewitz 50
Bombay crushed | Axel Herz 52
Falscher Cappuccino | Angelika Arians-Derix 53
Spicy Bloody Mary Espuma | Chris Hilger 54
Kir Royal light | Chris Hilger 56
Ipanema | Sven Wallnewitz 58

FÜR FORTGESCHRITTENE

Piña Colada in Pitaya | Mario Körber 62
Spoon Cocktail Nutty Colada | Sven Wallnewitz 64
Frozen Russian | Mario Körber 67
After Nine | Angelika Arians-Derix 68
Aperol Sour | Axel Herz 69
Strawberry Margarita | Axel Herz 71
B52 – Oral Explosion | Sven Wallnewitz 72
Campari Orange | Axel Herz 74
Kahlúa Tropical | Thomas Amendt und Daniel Hoffmann 75
Mit Martini gefüllte Oliven | Frank Kuske 76
Aperol Sour für Messer und Gabel | Sven Wallnewitz 78
Geschäumter Daiquiri mit Erdbeer-Drops | Mario Körber 79
Soleroschaum auf Kokosnuss | Mario Körber 81
3 Spoon-Cocktails | Frank Kuske, Chris Hilger 83
3 gefüllte Spoon-Cocktails | Chris Hilger, Angelika Arians-Derix 84
Stabilisierter Strawberry Colada | Mario Körber 86
Konfetti-Punsch | Angelika Arians-Derix 88
Hot Peach Lolli | Angelika Arians-Derix 90
Space Würfel | Tiziano Mori 91
Schwarzwälder Kirsch | Angelika Arians-Derix 92
Gorilla Milk Liquid Drops | Daniel Hoffmann 93

KLEINE HERAUSFORDERUNGEN

Swimming Blue | Chris Hilger 97
Bloody Mary Summer '07 | Axel Herz 98
Rhabarber Shot Burger | Chris Hilger 100
Basilika Sour | Chris Hilger 101
Cosmopolitan To Go | Axel Herz 102
Dry Martini | Axel Herz 105
Caipirinha mit Zuckerwatte | Axel Herz 106
Apple Carrot | Chris Hilger 108
Piña Colada | Axel Herz 110
Big Apple | Daniel Hoffmann 112
Adressen der Barkeeper 114
Lieferantenverzeichnis 115
Sachregister 116
Rezeptregister 118

Der neueste Trend

in der Welt der Cocktails

»Geschüttelt oder gerührt?« – das war gestern! Heute kredenzt man in den angesagten Bars und Clubs rund um den Globus extravagante molekulare Cocktails. Aufregende Cocktails mit völlig neuer Optik und überraschendem Gaumeneffekt. So serviert man an der Bar des »Café Atlântico« in Washington den Whiskey Sour mit einem Topping aus Passionsfrucht-Espuma, legt »Sellerieluft« auf die Bloody Mary oder »Meersalzluft« auf die Margaritas. Im »WD-50« in Manhattan werden Cocktails in Papiere, Gelees oder Puder verwandelt. An der Bar des Chicagoer »Primehouse« serviert man den Wodka Martini nicht mit einer Olive, sondern mit einem Lollipop aus reduzierter Olivenlake und Salzkristallen. Der deutsche Barchef der »Vu's Bar« im Emirates Towers Hotel legt blaue Schäume auf Drinks, die nach Orange schmecken. Und die »Zeta Bar« in Sydney ist berühmt für ihre molekularen »Barbecue-Drinks«, die geröstete Zutaten beinhalten …

Zunächst ein Blick zurück. Der Urvater der molekularen Gastronomie ist Hervé This, ein französischer Physiker, der sich schon seit 1990 mit den biochemischen und physikalisch-chemischen Prozessen bei der Zubereitung und beim Genuss von Speisen und Getränken beschäftigt. Begonnen hat der »molekulare« Hype aber erst in Spanien. Nahe Barcelona betreibt Ferran Adrià seit 1994 ein Speziallabor, in dem Köche und Wissenschaftler alles, was in der Küche von gestern galt, infrage stellen und megaspannende neue Speisen entwickeln. Was dabei herauskommt, kann man in Adriàs weltberühmtem Restaurant »El Bulli« während eines Menüs von 30 winzigen Gängen schmecken und erleben. Unglaubliche Gerichte, die einen Abenteuerkurs für den Gaumen darstellen – innovativ, frech, mutig und überraschend anders.

Da werden dann knackige Gemüse in bunte Streifen aus durchsichtigem, warmem Gelee verwandelt und mit Holzkohle aromatisiert. Da werden »elektrische Kekse« serviert: hauchdünne Rechtecke aus getrockneter Milch, mit scharfem, auf der Zunge quasi Elektroschocks auslösendem Szechuan-Pfeffer bestreut. Da kringeln sich durchsichtige Nudeln aus Parmesan auf dem Teller, werden Sorbets mit viel Bohei in flüssigem Stickstoff produziert. Da gibt es Parmesanluft mit Müsli, eine Suppe aus wie Marshmallows aussehenden schaumigen Buchstaben, und es werden lachsfarbene »Fischeier« serviert, die sich unterm Gaumen als Kügelchen voller Melonensaft entpuppen. Alles Genüsse der ganz eigenen, fast überirdischen Art!

Jährlich versuchen 300.000 Gourmets aus aller Welt einen Platz im »El Bulli« zu ergattern, es werden aber nur 8.000 Plätze vergeben. Aus gutem Grund gilt Adrià also als »Vater der Molekularküche«. Er hat die Tür zu den neuen molekularen Techniken und Methoden aufgestoßen und die »Molekulare Gastronomie« populär gemacht.

Längst hat die progressive Veränderung in der Küche auch auf die Bars abgefärbt. Unter dem Begriff Molekulare Mixologie (Molecular Mixology) erobern die experimentellen Methoden und Techniken nun die Welt der Cocktails. Man kreiert innovative Cocktails, die alles auf den Kopf stellen, was bisher an der Bar üblich war.

Aber was sind eigentlich molekulare Cocktails? Ganz grob gesagt, sind es Cocktails, die ganz oder teilweise mit den neuen Techniken der molekularen Küche hergestellt werden. Cocktails bekommen eine andere, fast schon die Sinne verwirrende Konsistenz, klarere Aromen und eine völlig neue Optik. Oder anders ausgedrückt: Cocktails werden strukturell verändert, anders zusammengesetzt als bisher und / oder mit überraschenden Elementen versehen. Man guckt über den Rand des üblichen Cocktailglases hinaus und spielt mit Texturen (lat. textura »Gewebe«) und Aromen.

So werden ganze Cocktails oder einzelne Elemente üblicher Cocktailmixturen mit gelartigen Häutchen ummantelt, sehen aus wie Kaviar oder Kugeln, die im Mund platzen und dann ihren flüssigen Inhalt freigeben. Oder die Drinks erhalten eine andere Viskosität, man kann sie ins Glas schichten, ohne dass die Schichten miteinander verlaufen. Manche Mixturen krönen Toppings aus dekorativen Geleeschlangen oder luftigen Espumas (Schäumen). Andere Drinks leuchten im Dunkeln. Aus flüssigen Cocktails wird festes »Cocktail-Food«, das auf einem Löffel, Obst- oder Kokusnuss-Schalen angerichtet wird. Man gibt den Mixgetränken eine neue Textur, verwandelt sie in Lollipops, Papier oder Puder. Oder man taucht sie in flüssigen Stickstoff und ummantelt sie so mit einer knusprigen Kruste.

Das alles ist freilich nur durch spezielle Zutaten und Methoden möglich. Die Texturgeber, also die Pulver, die die Texturen von Speisen oder Getränken verändern, sind nicht von den Pionieren der Molekularküche erfunden worden. Vielmehr wurde einiges schon vor geraumer Zeit für die industrielle Lebensmittelproduktion entwickelt und dort eingesetzt, fand aber nie den Weg in die Gastronomie oder an die Bar geschweige denn in Privathaushalte. Erst durch den molekularen Hype wurden diese Texturgeber auch in der Gastronomie verwendet und teils für die Anwendung dort verbessert oder verändert.

Die Texturgeber sind auch keine gesundheitsgefährdenden Chemikalien, vielmehr handelt es sich um neu entwickelte Gelier- und Verdickungsmittel, die aus Algen, Seegräsern, Pflanzenfasern oder Samen gewonnen werden. Es sind alles natürliche Produkte ohne chemische Zusatzstoffe, die zudem geschmacksneutral und farblos sind. Mit ihnen kann man unter anderem stabile Schäume oder warme Gelees erzeugen. Diese Mittel lassen zudem eine geschmackliche Dichte zu, die bisher nur mit Zucker und viel Fett erreicht werden konnte. Mit ihnen nimmt auch die geschmackliche Intensität zu.

Auch wenn sich einige Zutaten des molekularen Mixens wie flüssiger Stickstoff nicht für den Einsatz in der privaten Cocktailbar eignen, kann auch der Amateurmixer daheim die skurrilen Cocktails herstellen. Zwar wirken viele dieser außergewöhnlichen Kreationen auf den ersten Blick so, als sei die Herstellung nur von Profis zu bewältigen. Doch sieht man genauer hin, entdeckt man geniale neue Methoden, die sich spielend leicht erlernen lassen. Mit ein wenig Übung sind in kurzer Zeit ganz erstaunliche Ergebnisse möglich.

Die Texturgeber sind dabei quasi die Software, die es von der Firma Biozoon als Einsteigerset für die Cocktailherstellung gibt. Die mitgelieferten Dosierlöffel, Pipetten, Messbecher und Drop-Löffel sind für die Herstellung von Kügelchen oder Nudeln unverzichtbar. Aber auch der restliche Hardware-Bedarf für das molekulare Mixen ist überschaubar. Schüsseln, ein Teesieb, eine Schaumkelle, ein hochtouriger Mixer oder elektrischer Rührstab dürften in jedem Haushalt vorhanden sein. Zudem benötigt man einen ganz normalen Sahnesiphon, denn der ist das ideale Gerät zur Herstellung aller Espumas.

Was dann noch fehlt, ist eine ganze Palette an Säften und Spirituosen, denn schließlich ist ein molekularer Cocktail immer noch ein Cocktail. Diese Zutaten können aber auch zu Problemen führen, da die Texturgeber mit Säften und / oder Alkohol unterschiedlich reagieren. Das liegt unter anderem daran, dass jede Saftmarke eine andere Saftrezeptur hat. Insofern ist auch vom Amateurmixer ein wenig »Forschung« gefragt. Er muss das eine oder andere Rezept schon mal mit verschiedenen Saftmarken durchtesten.

Last, but not least ein wichtiger Hinweis für die Autofahrer: Auch, wenn sich molekulare Cocktails so aufregend anders präsentieren, auch wenn man sie nicht trinkt, sondern isst – beschwipst machen sie in allen alkoholischen Varianten.

Die richtigen Zutaten

für Schäume, Drops und leuchtende Cocktails

Der cocktailPro® Baukasten enthält alle innovativen Zutaten und Hilfsmittel, die Sie benötigen, um klassische Cocktails in Molekulare Cocktails zu verwandeln:

- AGAZOON **wird zur Herstellung fester Cocktails zum »Reinbeißen« verwendet.**
- ALGIZOON **und** CALAZOON **benötigt man für Aromaperlen, die im Mund zerplatzen und eine Geschmacksexplosion auslösen.**
- CELLUZOON **lässt Cocktail-Träume aus Schäumen, den sogenannten Espumas, entstehen.**
- XANTHAZOON **verwandelt Cocktails in sogenannte fluide Gele, in denen Partikel in der Schwebe gehalten werden.**
- LYCOZOON **lässt Cocktails in einem kräftigen Orangerot erstrahlen.**
- ILLUZOON **ist ein Farbstoff, durch den Cocktails unter Schwarzlicht im Dunkeln leuchten.**

Außerdem enthält der Baukasten notwendige Utensilien wie Dosierlöffel, Pipetten, einen Messbecher mit ml-Einteilung (10 ml = 1 cl) und einen Drop-Löffel zur Herstellung großer Aromakapseln bzw. -kugeln.

Die innovativen Zutaten zur Herstellung molekularer Cocktails sind rein natürlich und stammen nicht aus dem Chemiebaukasten. Es handelt sich dabei um Zuckermoleküle, die aus Algen (Agazoon und Algizoon) oder anderen Pflanzen (Celluzoon) gewonnen bzw. von Bakterien produziert werden (Xanthazoon). Diese Zuckermoleküle wirken als Gelier- oder Verdickungsmittel, da sie Wasser mehr oder weniger fest binden können. Man kann Drops oder kaviarähnliche Perlen herstellen, Flüssiges wird fest, zu Schaum oder fluidem Gel. Cocktails, aber auch Speisen können dadurch in völlig neuer Art präsentiert werden!

1 DROP-LÖFFEL
zur Herstellung großer Liquid-Drops

2 NATURFARBSTOFFE LYCOZOON UND ILLUZOON
zur farblichen Optimierung von Cocktails, festen Gelen oder Liquid-Drops

3 MESSBECHER
zum Abmessen kleiner Volumina von angesetzten Lösungen, Säften, Spirituosen etc.
(10 ml = 1 cl)

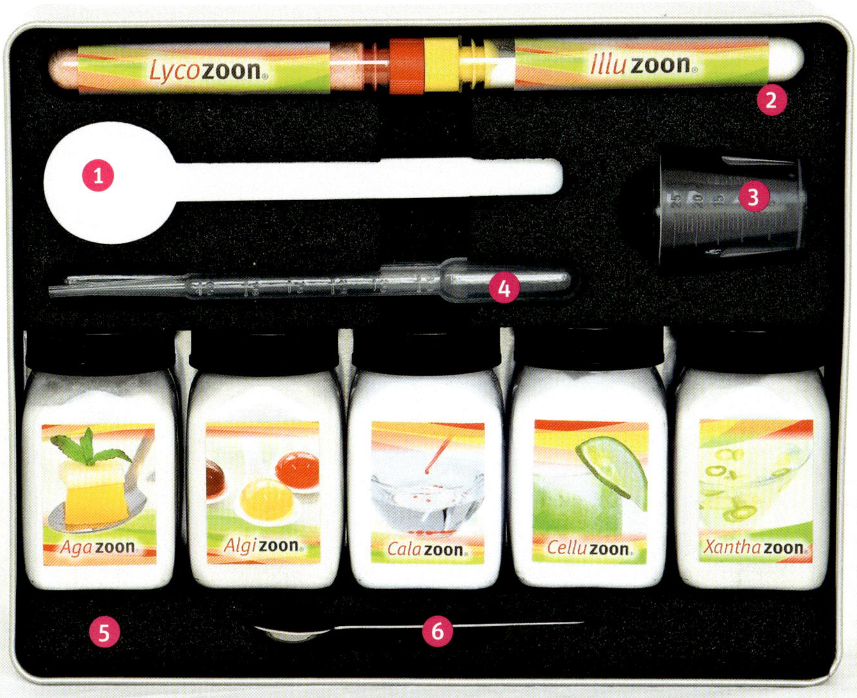

4 PIPETTEN
zur Herstellung kleiner Aromaperlen

5 NATÜRLICHE TEXTURGEBER
zur Herstellung von Schäumen, festen oder fluiden Gelen oder von Liquid-Drops

6 DOSIERLÖFFEL
zur Dosierung der Texturgeber und Farbstoffe

Agazoon

Agazoon enthält Agar-Agar, ein aus Rotalgen und Seegräsern gewonnenes Geliermittel, das seit Jahrhunderten in der asiatischen Küche verwendet wird. Es ist ein geruchs- und geschmacksneutrales Geliermittel, das als vegetarischer Ersatz für Gelatine benutzt wird. Agar-Agar kommt als natürlicher Lebensmittelzusatzstoff unter der Nummer E 406 bei der industriellen Herstellung von Aspik, Gelees, Eiscreme, Marmelade, Mäusespeck und vielen anderen Süßwaren, Joghurt und weiteren Milchprodukten zum Einsatz. Agazoon geliert nach dem Aufkochen. Es bindet heiße Flüssigkeiten bei Abkühlung auf Zimmertemperatur oder darunter zu einer schnittfesten Konsistenz, die die Form des Gefäßes annimmt, in der sie erkaltet.

Dadurch können feste Gelees in allen erdenklichen Formen hergestellt werden. So kann man beispielweise gelierte Eiswürfel produzieren, die im Cocktail nicht schmelzen oder Trinkgläser aus festem Gelee. Bei Erhitzung auf über 80 °C wird das mit Agazoon gebundene Gelee wieder flüssig. Somit kann der Geliervorgang wiederholt werden, falls die hergestellte Form nicht gefällt. Zum Gelieren von alkoholhaltigen Cocktails kann der Alkohol während der Abkühlung zugegeben werden, kurz bevor das Gelee erstarrt.

Mit Agazoon werden Cocktails essbar! So verwandelt sich beispielsweise der Mojito in ein Gelee, das auf einem Löffel serviert wird (siehe S. 46). Oder der Erdbeer-Daiquiri wird zum gelierten Würfel, in dem frische Erdbeeren eingeschlossen sind (siehe S. 50). In der Küche findet Agazoon als vegetarischer Ersatz für Gelatine Verwendung.

Algizoon

Algizoon besteht aus Natrium-Alginat, einem Geliermittel, das aus den Zellwänden von Braunalgen gewonnen wird. Den Algen verleiht es sowohl Flexibilität als auch Festigkeit. Algizoon ist in der Lebensmittelindustrie als Zusatzstoff weit verbreitet, es wird als Stabilisierungs- und Geliermittel verwendet. So dient Algizoon beispielsweise als hitzestabiles Verdickungsmittel zur Herstellung von Cremefüllungen und Fruchtfüllungen in Backwaren. In Eiscreme und Sorbets wird es zur Verhinderung der Kristallbildung und zur Unterstützung eines gleichmäßigen, langsamen Schmelzverhaltens genutzt. Fettarmen Brotaufstrichen gibt es Struktur und Konsistenz. Algizoon bildet zusammen mit Calcium (Calazoon) sowohl feste wie auch flexible Gele. Das Calcium lagert sich dabei so an die Bestandteile des Algizoons an, dass ein dreidimensionales Netzwerk entsteht, in dem das Wasser fest eingeschlossen wird. Dieses Netzwerk ist sehr flexibel und hitzestabil. Es kann nur manuell, z. B. durch Zerbeißen zerstört werden.

Tropft man eine mit Algizoon versetzte Cocktailmischung in ein Bad mit Calazoon ein, dann reagiert das Geliermittel sofort mit dem Calcium und es entstehen »flüssige Tropfen« oder »Liquid-Drops«. Diese haben um einen flüssigen Kern eine feste Hülle, die im Mund zerplatzt und eine Geschmacksexplosion auslöst (siehe S. 49, 67, 83). Auf diese Weise können verschiedenste Flüssigkeiten oder Aromen wie beispielsweise Liköre, Spirituosen oder Gewürze in Form von kleinen Perlen bis hin zu großen Kugeln verkapselt werden. Serviert auf einem Löffel und im Cocktail schwimmend sorgen sie dann für eine völlig neue, überraschende Erfahrung.

Eine Schwierigkeit bei der Verwendung von Algizoon ist die Empfindlichkeit gegenüber sauren Flüssigkeiten, wie zum Beispiel Zitronensaft, frisch gepressten Säften oder essighaltigen Flüssigkeiten. Werden sie als Grundsubstanz verwendet, geliert Algizoon schon in der Flüssigkeit und die erwünschte Reaktion mit Calcium ist nicht mehr möglich. Daher sollten für Verkapselungen eher reine Liköre oder Aromakonzentrate verwendet werden.

Calazoon

Calazoon ist Calcium-Lactat: das Calciumsalz der Milchsäure, welches in gelöster Form in Milch enthalten ist. Calcium ist als Bestandteil von Knochen und Zähnen sowie wegen seiner zahlreichen Funktionen im menschlichen Organismus ein lebenswichtiges Mineral. Neben seinen funktionellen Eigenschaften als Säureregulator oder Festigungsmittel dient Calcium-Lactat daher auch zur Calcium-Anreicherung in Lebensmitteln, um eine ausreichende tägliche Calciumzufuhr von Säuglingen bis zu Erwachsenen zu gewährleisten.

Calazoon dient als Hilfsstoff für das Geliermittel Algizoon. Für spezielle Anwendungen, wie beispielsweise das Formen von Gelkapseln oder -kugeln, wird eine hohe Calciumkonzentration von 4 bis 5 Prozent benötigt, die sich in anderen küchenüblichen Zutaten nicht finden lässt. Calazoon zeichnet sich durch einen sehr milden und angenehmen Geschmack aus, verfälscht somit auch nicht das Aroma der im Calazoon-Bad gebildeten Kugeln und Kapseln.

Celluzoon

Celluzoon ist ein Cellulosetyp, der aus Pflanzenfasern gewonnen wird. Es stellt die wichtigste Gerüstsubstanz in verholzten Pflanzenfasern dar.

Aber auch in Lebensmitteln kann Cellulose die Struktur von Flüssigkeiten und Gelen bzw. die Stabilität von Schäumen verbessern. So findet Cellulose vielfältige Einsatzgebiete und wird unter anderem bei der Herstellung von Mayonnaise, Soßen und Ketchup, Desserts und Speiseeis, Backwaren und fettreduzierten Lebensmitteln eingesetzt.

Im Gegensatz zu anderen Cellulosetypen ist Celluzoon gut wasserlöslich, verleiht Flüssigkeiten eine zähflüssige Konsistenz und bildet beim Erhitzen starke Gele aus. Schon durch die Zugabe geringer Mengen Celluzoon können Flüssigkeiten in stabile, luftige Schäume verwandelt werden. Zum Beispiel in einen Zitronenschaum als Topping für einen Gin Fizz-Espuma (siehe S. 28) oder in einen Piña Colada-Schaum, der in eine Pitaya gefüllt werden kann (siehe S. 62). In Form von Schäumen entwickeln diese klassischen Cocktails sehr prägnante und nachhaltige Aromen. Denn Schäume haben eine größere Oberfläche, erreichen so viel mehr Geschmackspapillen im Mund als »wässrige« Flüssigkeiten und wirken damit auch »körperreicher«.

In Kombination mit Celluzoon können Flüssigkeiten mit einem elektrischen Handrührgerät zu Schaum (Espuma) aufgeschlagen werden. Hierbei empfiehlt sich zur Verbesserung der Wasserbindung die Kombination von Celluzoon mit Xanthazoon. Wird ein Sahnesiphon verwendet, entstehen sehr kompakte und cremige Schäume. Bei der Verwandlung von Cocktails in Schäume kann man je nach gewünschter Konsistenz beide Zubereitungsarten nutzen.

Xanthazoon

Xanthazoon besteht aus Xanthan, einem Fermentationsprodukt, das von Bakterien gebildet wird. Es hat gute Verdickungs- und Stabilisierungseigenschaften und findet als Zusatzstoff in Lebensmitteln vielseitige Verwendung: zur Verbesserung der Wasserbindung von Teigen und verzögertem Altbackenwerden von Brot, zur Verhinderung der Bildung von Eiskristallen in Speiseeis, oder zur gleichmäßigen Verteilung von Schwebstoffen in Fruchtsäften oder Dressings.

Xanthazoon ist sowohl in kalten als auch heißen Flüssigkeiten sehr gut löslich und verwandelt diese dank seiner enormen Quell- und Wasserbindungsfähigkeit zu gelartigen Massen (fluide Gele). Die Zähflüssigkeit der mit Xanthazoon verdickten Flüssigkeiten bleibt auch bei Erhitzung erhalten. Für Molekulare Cocktails sind mithilfe von Xanthazoon Flüssigkeiten derart gut zu verdicken und zu stabilisieren, dass sie übereinander geschichtet werden können, ohne sich zu vermischen. Als weiterer neuartiger Effekt werden mit Xanthazoon kleine Partikel wie Kräuter oder Aromakapseln in einer Flüssigkeit in der Schwebe gehalten. So »schweben« beispielsweise kleine Olivenstücke im Martini oder Schokoraspeln im Kahlúa Tropical (siehe S. 75).

Illuzoon

Illuzoon bringt Cocktails zum Leuchten! Illuzoon enthält das Vitamin Riboflavin. Dieses Vitamin aus dem B-Komplex nimmt im menschlichen Organismus eine zentrale Rolle ein und wird in der Regel in ausreichender Menge über die Nahrung aufgenommen. Es ist in zahlreichen Lebensmitteln, wie beispielsweise Milch- und Fleischprodukten, Eiern, Vollkornprodukten und Gemüsesorten wie Kohl, Spinat oder gelben Paprika enthalten. Illuzoon ist ein gelber Naturfarbstoff, der unter UV- / Schwarzlicht neongrün fluoresziert. Dabei wird die UV-Strahlung von den Riboflavin-Molekülen aufgenommen und in Form von neongrüner Lichtstrahlung abgegeben. Unter entsprechender UV-Strahlung einer Schwarzlichtröhre (230 V) können nach diesem Prinzip farblose, transparente Flüssigkeiten oder Schäume in neuem Licht präsentiert werden.

Lycozoon

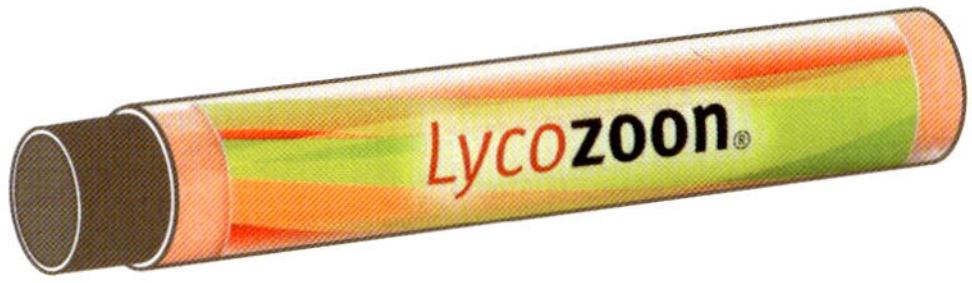

Lycozoon enthält einen orange-roten Naturfarbstoff aus der Gruppe der Carotinoide. Diese sekundären Pflanzenstoffe verleihen vielen Obst- und Gemüsesorten wie Karotte, Tomate oder Paprika ihre charakteristische Farbe und geben den Pflanzen Schutz bei intensiver Sonneneinstrahlung. Auch für den Menschen werden viele gesundheitsfördernde Wirkungen der Carotinoide diskutiert, unter anderem im Zusammenhang mit dem Schutz der Haut vor erhöhter UV-Strahlung, der Stärkung des Immunsystems bis hin zum verminderten Risiko von Herzinfarkt oder Krebserkrankungen. Lycozoon kann als orange-roter Farbstoff zur Farboptimierung von Getränken oder festen Gelen verwendet werden. Dieser eher fettlösliche Farbstoff wird in festen Gelen (mit Agazoon) oder in verkapselten Aromaperlen (mit Algizoon und Calazoon) fest gebunden, sodass diese in Flüssigkeiten schwimmend nicht ausgewaschen werden und ihre Farbe behalten.

Herstellung von Liquid-Drops

PRODUKTE: Algizoon und Calazoon

PRINZIP: Das Geliermittel Algizoon reagiert mit Calcium (Calazoon). Dabei entsteht ein festes Gel. So lassen sich sog. Liquid-Drops (flüssige Kugeln) herstellen, die eine feste Außenhülle haben, aber im Innern flüssig bleiben. Beim Verzehr zerplatzen die Drops im Mund und lösen dadurch eine Geschmacksexplosion aus.

ANWENDUNGEN
- **Spoon-Cocktails**
- **Aromaperlen**
- **Fruchtkaviar**

1. 4 gestrichene Dosierlöffel Algizoon zu 120 ml Wasser in ein hohes Gefäß geben.

2. Algizoon-Pulver unter Rühren (elektrischer Rührstab) vollständig auflösen.

Tipp: Unerwünschte Luftblasen verschwinden, wenn die Lösung für 2 Stunden in den Kühlschrank gestellt wird.

3. 4 gestrichene Dosierlöffel Calazoon zu 130 ml Wasser in ein hohes Gefäß geben.

4. Calazoon-Pulver vollständig auflösen (elektrischer Rührstab).

5. 20 ml der Algizoon-Lösung aus (2) mit 40 ml Cocktail, Saft, Likör oder Spirituose mischen.

Herstellung kleiner Kugeln (Aromaperlen)

6. Mischung aus (5) mithilfe einer Pipette oder Spritze in das Calazoon-Bad aus (4) tropfen. Es entstehen kleine, feste Drops, die für ca. 30 Sekunden im Calazoon-Bad schwimmen sollten.

7. Fertige Kugeln mit einem Teesieb aus dem Calazoon-Bad abschöpfen, in einem Wasserbad abspülen und abtropfen lassen.

Herstellung von Liquid-Drops (große Kugeln mit einem flüssigen Kern)

8. Mischung aus (5) mit einem Drop-Löffel in das Calazoon-Bad aus (4) geben. Die Liquid-Drops sollten für 30 – 60 Sekunden in dem Calazoon-Bad verbleiben. Die Kugeln vorsichtig aus dem Bad nehmen, in einem separaten Wasserbad abspülen und abtropfen lassen.

Tipp: Härte und Dicke der Hülle der Liquid-Drops können durch die Menge an Calazoon im Calazoon-Bad (je mehr, desto härter wird die Hülle) und durch die Verweildauer der Kugeln im Calazoon-Bad (je länger, desto dicker wird die Hülle) verändert werden.

Tipp: Zum Calazoon-Bad etwas von der Flüssigkeit geben, aus der die Liquid-Drops hergestellt werden. Das unterstützt das Aroma der Drops.

Tipp: In Regionen mit hartem Leitungswassser verwenden Sie besser gefiltertes Wasser oder calciumarmes, stilles Mineralwasser (Calciumgehalt < 91 mg/l).

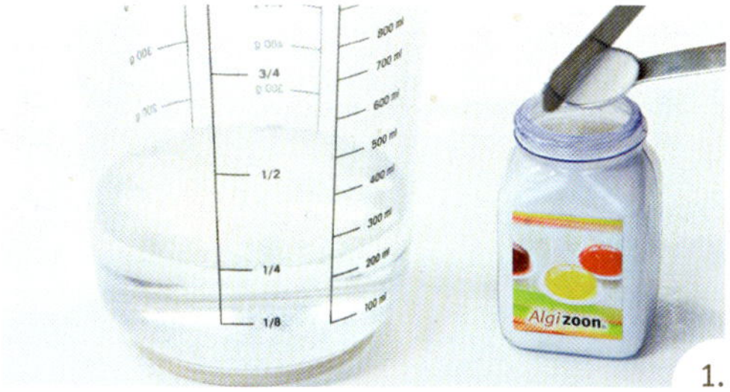

1.

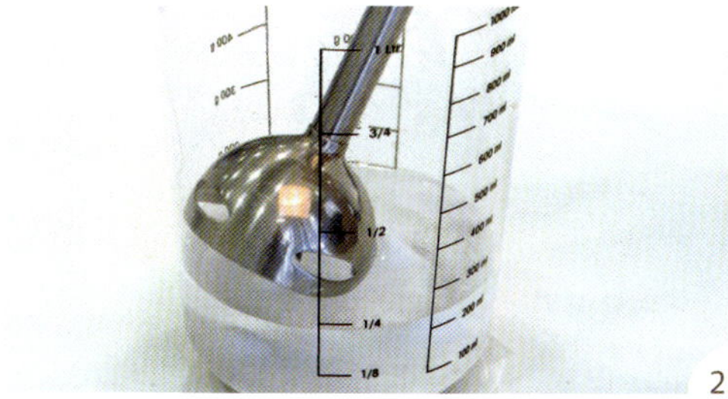
2.

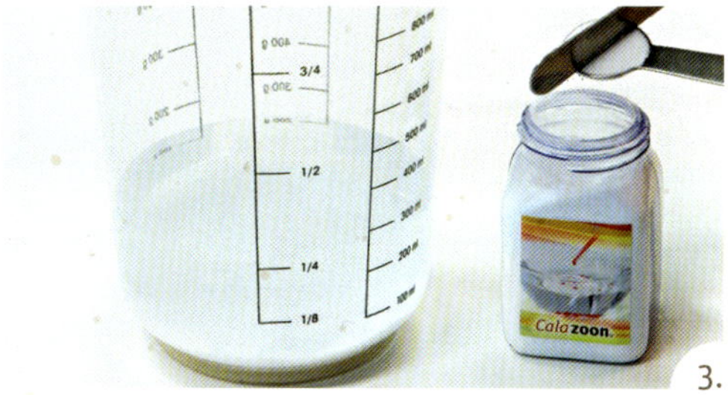

3.

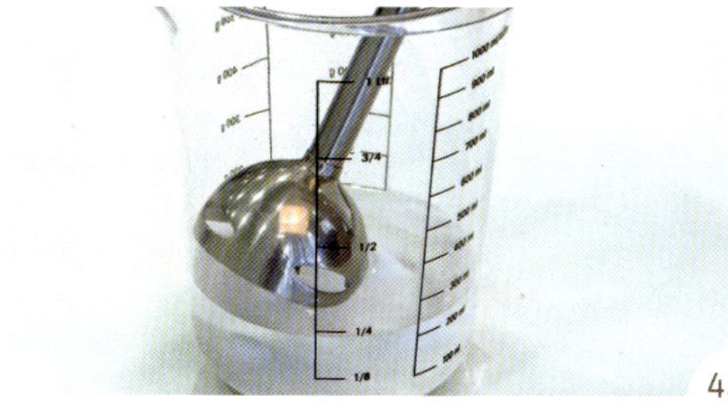
4.

5.

6.

7.

8.

Herstellung von Schäumen

PRODUKTE: Celluzoon und Xanthazoon

PRINZIP: Celluzoon und Xanthazoon binden Wasser und können zur Stabilisierung von Schäumen genutzt werden. Das Aufschäumen erfolgt entweder mit einem elektrischen Rührgerät oder mit einem Sahnesiphon.

ANWENDUNGEN
- **Schaumcocktail oder**
- **Schaumtopping**

1. 6 gestrichene Dosierlöffel Celluzoon zu 100 ml eiskaltem Wasser in ein hohes Gefäß geben.

2. Celluzoon-Pulver mit einem Schneebesen vollständig im Wasser auflösen.

Tipp: In kaltem Wasser löst sich das Celluzoon-Pulver nur durch intensives Rühren mit dem Schneebesen. Besser löst sich das Pulver in heißem Wasser, muss dann aber zur Schaumherstellung vorher auf Kühlschranktemperatur abgekühlt werden.

3. 20 ml der Celluzoon-Lösung zu 180 ml Cocktail oder Saft geben.

4. 3 gestrichene Dosierlöffel Xanthazoon zu der Mischung aus (3) geben.

5. Mischung aus (4) mithilfe eines elektrischen Handrührgerätes für 1 – 2 Minuten zu einem festen Schaum aufschlagen.

6. Schaum aus (5) in ein Glas füllen oder als Topping auf einen Cocktail geben.

Alternative: Aufschäumen des Cocktails mit einem Sahnesiphon

7. Die mit Celluzoon und Xanthazoon versetzte Cocktail-Mischung aus (5) in einen Sahnesiphon füllen, diesen fest verschließen und mit einer Sahnepatrone beladen.

8. Der Schaum kann dann effektvoll direkt in das Cocktail-Glas gesprüht werden. Wenn Sie den Schaum in ein separates Gefäß sprühen, können Sie ihn mit einem Löffel leichter auf den Cocktail geben.

Tipp: Sahnehaltige Cocktails oder Säfte mit Fruchtfleisch sollten eher mit dem Sahesiphon aufgeschäumt werden.

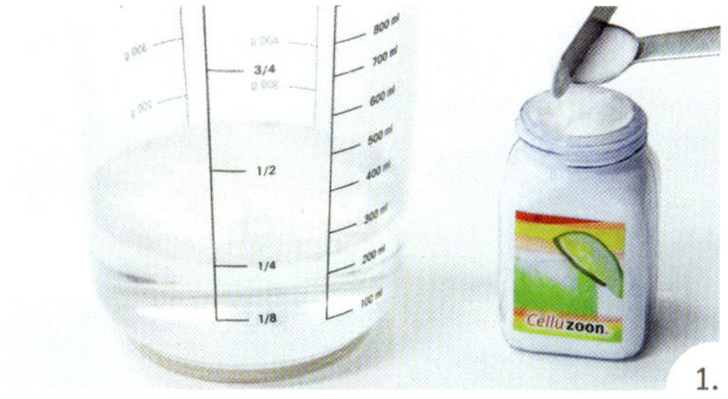

1.

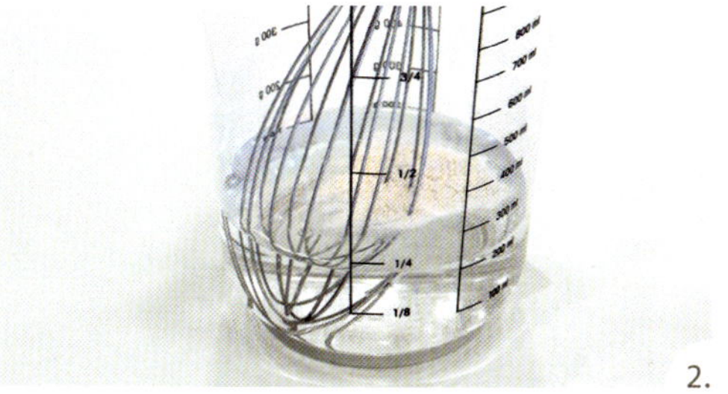
2.

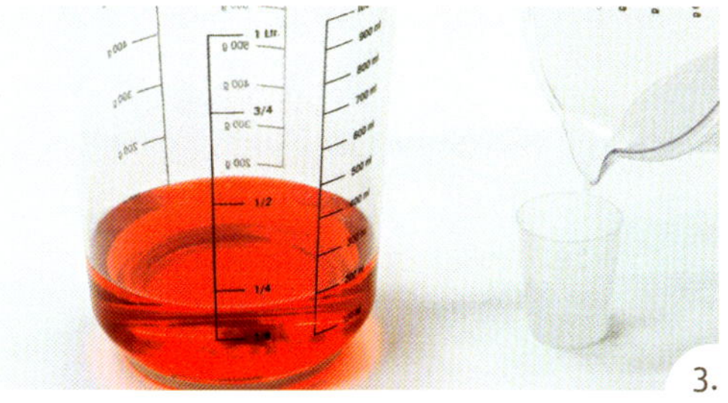
3.

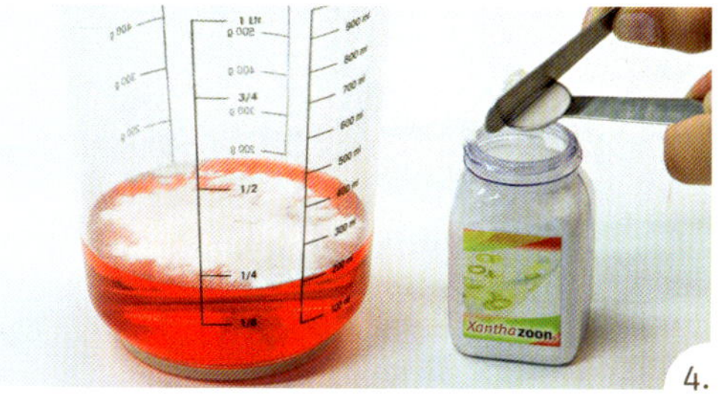

4.

5.

6.

7.

8.

Herstellung von

festen Gelees

PRODUKTE: Agazoon

PRINZIP: Agazoon wird auch als vegetarische Gelatine bezeichnet. Agazoon geliert durch Aufkochen, d. h. es bindet heiße Flüssigkeiten bei Abkühlung auf Zimmertemperatur oder darunter zu einer schnittfesten Konsistenz, die die Form des Gefäßes annimmt, in der sie erkaltet. Dadurch können feste Gelees in allen erdenklichen Formen hergestellt werden.

ANWENDUNGEN
- **feste, essbare Cocktails**
- **nicht schmelzende Eiswürfel**

1. 2 gestrichene Dosierlöffel Agazoon zu 80 ml Flüssigkeit (Saft, Likör, Cocktail) in ein hohes Gefäß geben.

2. Agazoon-Pulver mit einem Schneebesen oder einem Löffel vollständig auflösen und unter ständigem Rühren aufkochen.

Tipp: Für alkoholhaltige Cocktails erst die Säfte u. a. mit dem Agazoon aufkochen und die Spirituosen wie Wodka, Rum etc. erst dann zugeben, wenn die Mischung schon etwas abgekühlt und zähflüssig ist.

3. Die heiße Mischung aus (2) sofort in hitzestabile Formen ausgießen, und diese zum Abkühlen in den Kühlschrank bzw. zur Herstellung von Eiswürfeln in den Gefrierschrank stellen.

4. Die gekühlten, festen Gelees aus (3) können als essbare Cocktails präsentiert werden oder einen Cocktail zieren bzw. als gefrorene Geleewürfel einen Cocktail kühlen. Sie lösen sich in kühlen Flüssigkeiten auch nach längerer Zeit nicht auf.

1.

2.

3.

4.

Herstellung von

fluiden Gelen

PRODUKTE: Xanthazoon

PRINZIP: Xanthazoon ist ein Verdickungsmittel, mit dem Flüssigkeiten (Cocktails, Säfte, Spirituosen, Liköre) angedickt werden können. Xanthazoon kann auch zur Herstellung von Schäumen unter Verwendung eines Sahnesiphons eingesetzt werden.

ANWENDUNGEN

- **Cocktails, in denen Partikel in Schwebe gehalten werden** (z. B. Aromaperlen, Olivenstücke im Martini, Chili-Stückchen in der Bloody Mary) **oder**
- **Schäume**

1. 5 gestrichene Dosierlöffel Xanthazoon zu 200 ml Wasser in ein hohes Gefäß geben.

2. Xanthazoon-Pulver vollständig auflösen.

Tipp: Am Besten dazu einen elektrischen Schneebesen oder Rührstab verwenden. Es entsteht eine zähflüssige Mischung.

3. 2 gehäufte EL der Mischung aus (1) zu 100 ml Cocktail, Saft, Likör oder Spirituose geben und beides vollständig verrühren.

4. In der Mischung aus (3) können feste Stücke (wie z. B. Olivenstücke in Martini) auch längere Zeit in der Schwebe gehalten werden.

1.

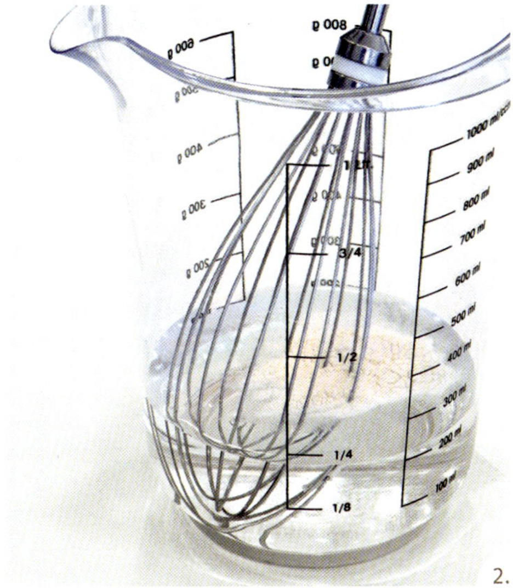

2.

3.

4.

Und zu guter Letzt:

Illuminieren und Färben

PRODUKTE: Illuzoon, Lycozoon

ILLUZOON ist ein natürlicher, gelber Farbstoff, der unter Schwarzlicht neongrün fluoresziert. Damit können alle farblosen Getränke im Dunkeln zum Leuchten gebracht werden (2).

DOSIERUNG: 2 gestrichene Dosierlöffel Illuzoon zu 100 ml Flüssigkeit geben. Pulver vollständig auflösen.

Tipp: Geeignete UV-Lichtquellen sind UV- oder Schwarzlichtröhren mit 230 V.

Tipp: Farblose, transparente Getränke verwenden, da andere Farben von Säften oder Likören die Fluoreszenz des Illuzoon beeinträchtigen.

Mit dem natürlichen, orangeroten Farbstoff **LYCOZOON** erstrahlen Ihre Cocktails, Liquid-Drops, Cocktailkonfekte oder andere fest gelierte Gele in neuer und kräftiger Farbe.

DOSIERUNG: 2 gestrichene Dosierlöffel Lycozoon zu 100 ml Flüssigkeit geben. Pulver vollständig auflösen.

Mit diesem kräftigen Farbstoff behalten feste Gele (z. B. nicht schmelzende Eiswürfel) oder im Cocktail schwimmende verkapselte Aromaperlen lange ihre Farbe, ohne ausgewaschen zu werden (1).

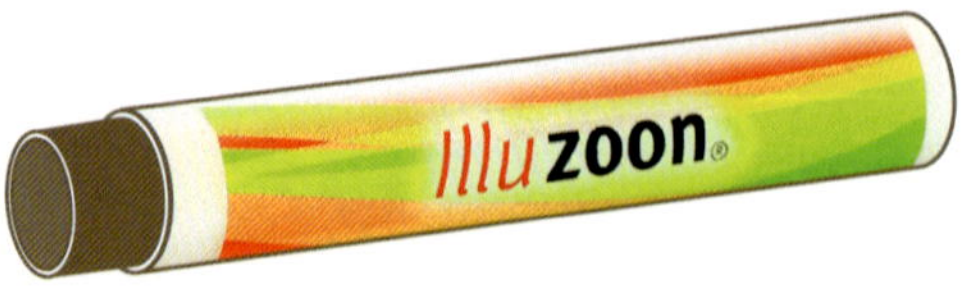

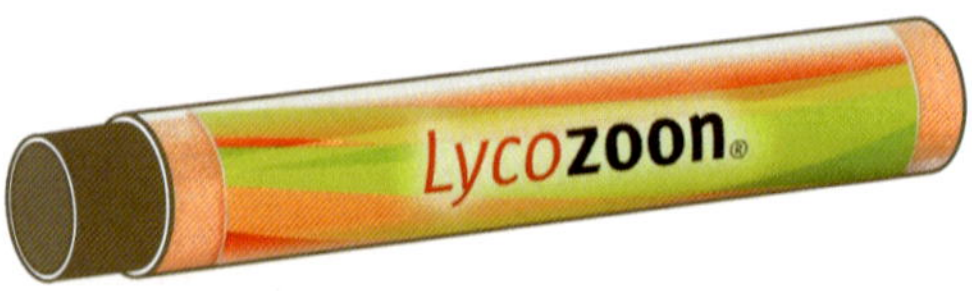

1

2

1. alkoholisch

Gin Fizz Espuma
Casino Royal
Bombay Crush mit Zitronengras
Bacardi Razz Light
Sex on the Beach
Geschäumter Bounty
Wodka Melon Sticks
Wodka Gimlet
Tequila-Schaum in Rambutan
Mojito
Strawberry Daiquiri
Tequila Sunrise verkapselt
Bombay Crushed
Falscher Cappuccino

2. alkoholfrei

Spicy Bloody Mary Espuma
Kir Royal light
Ipanema

Für den einfachen Einstieg

LEARNING BY DOING! Die folgenden Rezepturen sind genau das Richtige, um sich mit der Molekularen Mixologie vertraut zu machen. Einen Cocktail zum Leuchten bringen, in ein Gelee oder einen Schaum zu verwandeln ist ein Kinderspiel. Die Herstellung von kaviarähnlichen Perlen ist auch relativ einfach und bedarf lediglich ein wenig der Übung. Man muss sich nur genau an die Anleitungen halten – und schon hat man Cocktails der überraschend anderen Art gezaubert.

Zubehör

- hohes Gefäß
- elektr. Handrührgerät
- Shaker

Zutaten für 1 Cocktail

- 8 cl Gin
- 6 cl Zitronensaft
- 4 cl Zuckersirup
- 6 gestr. Dosierlöffel Celluzoon (ergibt 10 cl Celluzoon-Lösung, pro Cocktail werden 2 cl der Lösung benötigt)
- 2 gestr. Dosierlöffel Xanthazoon
- 1 hauchdünn geschnittene Zitronenscheibe
- Eis

Gin Fizz Espuma

Ein Cocktail mit erfrischend knackiger Säure, die durch den Espuma weicher erscheint.
Schwierigkeitsgrad: ganz einfach, braucht nur etwas Zeit

1. Vorbereitung der Celluzoon-Lösung

6 gestr. Dosierlöffel Celluzoon mit einem Schneebesen in 100 ml eiskaltem Wasser verrühren, bis das Pulver sich vollständig aufgelöst hat (siehe Anleitung S. 18). Die Celluzoon-Lösung 30 Minuten ruhen lassen, damit der Schaum sich absetzen kann. Pro Cocktail werden 2 cl Lösung benötigt.

2. Herstellung des Gin Fizz Espuma

3 cl Gin, 3 cl Zitronensaft, 2 cl Zuckersirup, 2 cl Celluzoon-Lösung und 2 gestr. Dosierlöffel Xanthazoon zusammen in ein hohes Gefäß geben und mit einem elektrischen Handrührgerät zu Schaum aufschlagen. Diese Menge Schaum reicht für 3 – 4 Cocktails.

ANRICHTEN: 5 cl Gin, 3 cl Zitronensaft, 2 cl Zuckersirup kräftig auf Eis im Shaker vermischen. Cocktail in ein Longdrinkglas geben und den Gin-Espuma als Topping auf den Cocktail geben. Als Garnitur eine hauchdünn geschnittene Zitronenscheibe in den Schaum stecken.

Zubehör

- **Schwarzlichtröhre** (230 V)
- **Sieb**
- **Shaker**

Zutaten für 1 Cocktail

- **3 cl Kina Lillet** (franz. Wermut)
- **3 cl Wodka**
- **2 gestr. Dosierlöffel Illuzoon**
- **2 – 3 Stückchen Trockeneis** (s. S. 115)

Casino Royal

Ein brodelnder und dampfender Vulkan, der diabolisch leuchtet – großes Kino für die Party.
Schwierigkeitsgrad: eine Leichtigkeit

Herstellung des Cocktails

3 cl Kina Lillet, 3 cl Wodka und 2 gestr. Dosierlöffel Illuzoon vermischen, bis sich das Pulver vollständig aufgelöst hat. Die Mischung mit Eis »schütteln oder rühren – egal« (sagt James Bond im Film »Casino Royale«) und durch ein Sieb in eine Martinischale abseihen.

ANRICHTEN: Raum verdunkeln und das Schwarzlicht einschalten. Den Cocktail unter Schwarzlicht servieren und 2 – 3 kleine Stückchen Trockeneis zugeben – das Trockeneis bringt den Cocktail zum Brodeln und Dampfen. Der Cocktail kann sofort getrunken werden, aber Vorsicht vor dem Trockeneis!

Ein Tipp: Da Kina Lillet nur schwer zu bekommen ist, kann stattdessen auch Lillet Blanc oder ein trockener Wermut wie Noilly Prat verwendet werden. Um den bitteren Geschmack des Kina Lillet nachzubilden, empfiehlt sich ein Schuss Angostura.

Zubehör

- Schneebesen
- hohes Gefäß
- Stößel
- elektr. Handrührgerät
- Muskatreibe

Zutaten für 1 Cocktail

- 4 cl Gin
- 2 cl Limettensaft
- 5 Kumquats
- 2 TL Rohrzucker
- 6 gestr. Dosierlöffel Celluzoon (ergibt 10 cl Celluzoon-Lösung, pro Cocktail werden 2 cl der Lösung benötigt)
- 1 gestr. Dosierlöffel Xanthazoon
- Zitronengras oder -pulver
- Crushed-Ice

Bombay Crush

mit Zitronengras-Ginschaum

Ein bombiger Cocktail, dessen Reiz im Kontrast der unterschiedlichen Konsistenzen von Fruchtfleisch, Fruchtschale und Schaum liegt.

Schwierigkeitsgrad: erfordert ein paar Handgriffe, aber keine besondere Übung

1. Vorbereitung der Celluzoon-Lösung

6 gestr. Dosierlöffel Celluzoon mit einem Schneebesen in 100 ml eiskaltem Wasser verrühren, bis das Pulver sich vollständig aufgelöst hat (siehe Anleitung S. 18). Die Celluzoon-Lösung 30 Minuten ruhen lassen, damit der Schaum sich absetzen kann. Pro Cocktail werden 2 cl Lösung benötigt.

2. Vorbereitung des Cocktails

Die Kumquats halbieren, mit 2 TL Rohrzucker in ein Glas geben und beides mit einem Stößel kräftig zerpressen. Anschließend die Masse mit 2 cl Limettensaft gut verrühren.

3. Herstellung des Gin-Espuma

Das Zitronengras mit einer Muskatnussreibe klein raspeln und zusammen mit dem Gin in ein hohes Gefäß geben. 2 cl Celluzoon-Lösung, 1 gestr. Dosierlöffel Xanthazoon und etwas Crushed-Ice zugeben.Die Mischung etwa 1 – 2 Minuten mit einem elektrischen Handrührgerät schaumig schlagen.

ANRICHTEN: Den Gin-Espuma auf die Kumquats mit dem Limettensaft geben. Mit einem Fächer aus Zitronengras und einer Kumquat dekorieren.

Zubehör

- Schwarzlichtröhre (230 V)

Zutaten für 1 Cocktail

- 5 cl Bacardi Razz
- 2 gestr. Dosierlöffel Illuzoon
- 10 cl Sprite
- Eiswürfel
- Frische Himbeeren oder andere Früchte

Bacardi Razz Light

Dieser spritzige Longdrink leuchtet …
Schwierigkeitsgrad: ein Kinderspiel

Herstellung der Illuzoon-Lösung

5 cl Bacardi Razz und 2 gestr. Dosierlöffel Illuzoon in einer kleinen Schale verrühren, bis das Pulver vollständig aufgelöst ist. Anschließend in ein kleines Glas (Shooter) oder eine kleine Karaffe füllen.

ANRICHTEN: Den Raum verdunkeln und das Schwarzlicht einschalten. Zuerst in ein Longdrinkglas Eiswürfel und Sprite geben, dann vor den Augen des Gastes die Barcardi-Razz-Illuzoon-Mischungen langsam hinein träufeln. Die Mischung verteilt sich dann allmählich in dem Longdrink und leuchtet grün-gelblich unter Schwarzlicht. Den Drink mit 3 – 4 frischen Himbeeren (oder anderen Früchten) dekorieren und mit einem Strohhalm servieren.

Zubehör

- **hohes Gefäß**
- **Sahnesiphon** (für die Nutzung des Siphons mind. die Menge für 4 Cocktails herstellen)
- **Sahnepatrone**

Zutaten für 1 Cocktail

- **1 cl Grenadine**
- **2 cl Zitronensaft**
- **4 cl Wodka**
- **2 cl Pfirsichlikör** (z. B. von Bols)
- **6 gestr. Dosierlöffel Celluzoon** (ergibt 10 cl Celluzoon-Lösung, pro Cocktail werden 2 cl der Lösung benötigt)
- **1 gestr. Dosierlöffel Xanthazoon**
- **6 cl Orangensaft**
- **4 cl Ananassaft**

Sex on the Beach

Sanfter Schaum umschmeichelt die Lippen, die fruchtige Erfrischung kühlt wieder ab ...
Schwierigkeitsgrad: macht auch Ungeübten keine Probleme!

1. Vorbereitung der Celluzoon-Lösung

6 gestr. Dosierlöffel Celluzoon mit einem Schneebesen in 100 ml eiskaltem Wasser verrühren, bis das Pulver sich vollständig aufgelöst hat (siehe Anleitung S. 18). Die Celluzoon-Lösung 30 Minuten ruhen lassen, damit der Schaum sich absetzen kann. Pro Cocktail werden 2 cl Lösung benötigt.

2. Herstellung des Sex on the Beach-Espuma

1 cl Grenadine, 2 cl Zitronensaft, 4 cl Wodka, 2 cl Pfirsichlikör, 2 cl Celluzoon-Lösung und einen gestr. Dosierlöffel Xanthazoon zusammen in einen Messbecher geben und gut miteinander vermischen. Die Mischung in einen Sahnesiphon füllen, eine Sahnepatrone aufschrauben und gut schütteln. Der Schaum reicht für 3 – 4 Cocktails.

ANRICHTEN: In einem Martini-Cocktailglas 6 cl Orangensaft und 4 cl Ananassaft mischen. Den Sex on the Beach-Espuma vorsichtig auf den gemischten Saft sprühen. Wahlweise kann man den Espuma auch vorher auf einen Teller sprühen und dann löffelweise auf den Cocktail geben.

Zubehör

- **hohes Gefäß**
- **Sahnesiphon**
- **Sahnepatrone**

Zutaten für 1 Cocktail

- **2 cl Amaretto**
- **2 cl Kokossirup**
- **2 cl Sahne**
- **10 cl Ananassaft**
- **6 gestr. Dosierlöffel Celluzoon** (ergibt 10 cl Celluzoon-Lösung, pro Cocktail werden 3 cl der Lösung benötigt)
- **3 gestr. Dosierlöffel Xanthazoon**
- **Schokoflocken**
- **Crushed-Ice**

Geschäumter Bounty

Ein Traum aus aromatischem Schaum, der sich im Mund ausbreitet und so alle Geschmackspapillen erreicht – und zeitversetzt immer neue Geschmacksnuancen freigibt.

Schwierigkeitsgrad: kann man aus dem Handgelenk schütteln

1. Vorbereitung der Celluzoon-Lösung

6 gestr. Dosierlöffel Celluzoon mit einem Schneebesen in 100 ml eiskaltem Wasser verrühren, bis das Pulver sich vollständig aufgelöst hat (siehe Anleitung S. 18). Die Celluzoon-Lösung 30 Minuten ruhen lassen, damit der Schaum sich absetzen kann. Pro Cocktail werden 3 cl Lösung benötigt.

2. Herstellung des Bounty-Schaumes

2 cl Amaretto, 2 cl Kokossirup, 2 cl Sahne, 10 cl Ananassaft, 3 cl Celluzoon-Lösung und 3 gestr. Dosierlöffel Xanthazoon miteinander verrühren. Die Mischung in einen Sahnesiphon geben, 1 Sahnepatrone aufschrauben und gut schütteln.

ANRICHTEN: Das Cocktailglas zuerst mit den Schokoflocken befüllen und danach mit etwas Crushed-Ice auffüllen. Zum Schluss wird der Bounty-Schaum in das Glas gesprüht und dekoriert.

Zubehör

- **hohes Gefäß**
- **Schneidebrett**
- **Topf**
- **Schneebesen**
- **2 flache, rechteckige Formen** (hitzebeständig)
- **Happy Spoons** (Partylöffel)
- **Cocktailstäbe** (oder zu Spießen geschnittenes Zitronengras)

Zutaten für 6 – 8 Spieße

- **4 cl Wodka**
- **2 cl Zitronensaft**
- **2 cl Aprikosenlikör**
- **4 cl Orangensaft**
- **6 gestr. Dosierlöffel Agazoon**
- **1 Melone**

Verschiedene Konsistenzen, verschiedene Geschmäcker – Cocktailspieße der aufregenderen Art!

Schwierigkeitsgrad: bis auf den exakten Zuschnitt der Melonenstücke ganz leicht

Wodka Melon Sticks

1. Herstellung des Wodka-Limetten-Gelees

2 cl Zitronensaft, 2 cl Wodka und 4 gestr. Dosierlöffel Agazoon in einem kleinen Topf unter ständigem Rühren kurz aufkochen (siehe Anleitung S. 20). Weitere 2 cl Wodka hinzufügen und sofort den Topf von der Kochstelle nehmen. Die Mischung in die Form gießen, zum Auskühlen und Gelieren an einen kalten Ort stellen.

2. Herstellung des Orangen-Aprikosen-Gelees

2 cl Aprikosenlikör, 4 cl Orangensaft und 2 gestr. Dosierlöffel Agazoon in einem kleinen Topf unter ständigem Rühren kurz aufkochen (siehe Anleitung S. 20). Die Mischung in die Form gießen, zum Auskühlen und Gelieren an einen kalten Ort stellen.

ANRICHTEN: Die festen Gelees aus den Formen nehmen. Melonenfleisch und Gelees in gleich große, mundgerechte Stücke schneiden und vorsichtig auf einem langen dünnen Cocktailstab aufspießen. Alle drei Stücke sollten zusammen verspeist werden.

Ein Tipp: Noch schöner wirkt es, wenn man Zitronengrasspieße verwendet.

Zubehör
- **Messer**
- **Schneidebrett**
- **Topf**
- **Schneebesen**
- **hitzebeständige Eiswürfelform**
- **Happy Spoons** (Partylöffel)

Zutaten für 6 – 8 Cocktails auf Happy Spoons
- **4 cl Wodka**
- **1 Limette**
- **2 cl Zitronensaft**
- **2 gestr. Dosierlöffel Agazoon**

Wodka Gimlet

Kein flüssiger Cocktail, sondern ein Gelee – spannend!
Schwierigkeitsgrad: für geübte Filetierer ein leichtes Spiel

Herstellung des Wodka Gimlet-Gelees

Die Limette schälen, filetieren und in kleine Stücke zerteilen. Die Limettenfiletstückchen mit 1,5 cl Wasser, 2 cl Zitronensaft und 2 gestr. Dosierlöffeln Agazoon in einem kleinen Topf zerkochen (siehe Anleitung S. 20). 4 cl Wodka zum kochenden Saft hinzufügen und den Topf sofort von der Kochstelle nehmen.
Die Masse in eine Eiswürfelform gießen und anschließend zum Auskühlen und Gelieren an einen kalten Ort stellen.

ANRICHTEN: Die festen, gelierten Wodka-Gimlet- Cocktails aus der Form nehmen, und sie mit einer Dekoration nach Wahl auf Happy Spoons anrichten.

Zubehör

- **Schneebesen**
- **elektr. Handrührgerät**
- **hohes Gefäß**

Zutaten für 6 gefüllte Rambutan

- **6 Rambutan** (auch »haarige Litschi« genannt)
- **2 cl Tequila**
- **1 cl Crème de Cassis**
- **1 cl Grenadine**
- **5 cl Maracujasaft**
- **8 cl Ananassaft**
- **6 gestr. Dosierlöffel Celluzoon** (ergibt 10 cl Celluzoon-Lösung, pro Cocktail werden 3 cl der Lösung benötigt)
- **2 gestr. Dosierlöffel Xanthazoon**

Tequila-Schaum in Rambutan

Ein Cocktail wie gemalt – und ein genussreiches Erlebnis mit exotisch samtigem Geschmack.
Schwierigkeitsgrad: simpel, sofern der Einkauf der Rambutan keine Schwierigkeiten macht

1. Vorbereitung der Celluzoon-Lösung

6 gestr. Dosierlöffel Celluzoon mit einem Schneebesen in 100 ml eiskaltem Wasser verrühren, bis das Pulver sich vollständig aufgelöst hat (siehe Anleitung S. 18). Die Celluzoon-Lösung 30 Minuten ruhen lassen, damit der Schaum sich absetzen kann. Pro Cocktail werden 3 cl Lösung benötigt.

2. Herstellung des Tequila-Schaumes

2 cl Tequila, 1 cl Crème de Cassis, 1 cl Grendadine, 5 cl Maracujasaft und 8 cl Ananassaft mixen. Mit 3 cl Celluzoon-Lösung und 2 gestr. Dosierlöffeln Xanthazoon in einem hohen Gefäß mit einem elektrischen Handrührgerät zu Schaum aufschlagen.

ANRICHTEN: Eine Rambutan-Frucht halbieren, Fruchtfleisch und Kern entfernen, danach die leere Schale mit dem Tequila-Schaum füllen. Der Cocktail wird mit Löffel und Strohhalm serviert.

Zubehör

- **Topf**
- **Microplane-Reibe oder sehr scharfes Messer**
- **Happy Spoon** (Partylöffel)
- **kleine Pipette** (aus der Apotheke)
- **rechteckige, hitzebeständige Form**

Zutaten für ca. 20 Cocktails auf Happy Spoons

- **8 cl heller kubanischer Rum** (z. B. Havana Club Añejo 3 Añjos)
- **4 gestr. Dosierlöffel Agazoon**
- **1 TL brauner Rohrzucker** (nach Geschmack)
- **1 Päckchen Natronpulver**
- **Minzblätter**
- **1 Bio-Limette**

Mojito

Überraschung! Weiche »Glasnudeln« aus Rum, die wie Brausepulver schäumen …
Schwierigkeitsgrad: mit dem richtigen Werkzeug ganz einfach!

Herstellung des Mojito-Gelees

5 cl Wasser mit 4 gestr. Dosierlöffeln Agazoon und 1 TL braunem Rohrzucker unter Rühren bei mittlerer Hitze aufkochen, vom Feuer nehmen, dann 8 cl Rum dazugeben und verrühren. In ein rechteckiges Gefäß gießen und zum Gelieren kaltstellen. Das Gelee über einer Schale mit einer Microplane-Reibe zu langen Fasern reiben und mit etwas Natronpulver vermischen. (Das geht wirklich nur mit einer Microplane- Reibe. Wer keine besitzt, kann das Gelee mit einem sehr scharfen Messer in ganz feine lange Streifen schneiden.)

ANRICHTEN: Auf einem Happy Spoon ein Minzeblatt platzieren, darauf etwas von den Rum-Gelee-Fasern anrichten und etwas Limettenschale frisch darüberreiben. Dazu eine kleine Pipette mit frischem Limettensaft geben. Bei Zugabe des Limettensaftes schäumt das Natronpulver im Mund auf …

Zubehör
- hohes Gefäß
- elektr. Rührstab
- Pipette
- Teesieb

Zutaten für 1 Cocktail
- 4 cl Tequila
- 4 cl Grenadine
- 4 gestr. Dosierlöffel Algizoon (ergibt 12 cl Algizoon-Lösung, pro Cocktail werden 2 cl der Lösung benötigt)
- 2 cl Zitronensaft
- 10 cl Orangensaft
- 4 gestr. Dosierlöffel Calazoon

Tequila Sunrise verkapselt

Die Sonne geht bei diesem Cocktailklassiker in Drops-Form auf.
Schwierigkeitsgrad: ganz einfach, wenn man den Drops-Dreh raus hat

1. Vorbereitung der Algizoon-Lösung

4 gestr. Dosierlöffel Algizoon in 120 ml Wasser mit einem elektrischen Rührstab verrühren, bis es vollständig aufgelöst ist (siehe Anleitung S. 16).
Zum Entweichen der Luftblasen die Lösung für 1–2 Stunden in den Kühlschrank stellen.

2. Vorbereitung des Calazoon-Bades

4 gestr. Dosierlöffel Calazoon in 130 ml Wasser mit einem elektrischen Rührstab verrühren bis es vollständig aufgelöst ist (siehe Anleitung S. 16).
Die Calazoon-Lösung in eine tiefe Schale geben und 2 cl Grenadine hinzufügen. Für jeden Tequila Sunrise benötigen Sie 2 cl dieser Lösung.

3. Herstellung der Grenadine-Drops

2 cl Algizoon-Lösung mit 2 cl Grenadine und 2 cl Tequila in einer kleine Schale gut miteinander vermischen. Die Mischung mit einer Pipette direkt in das Calazoon-Bad tropfen, sodass kleine runde Drops entstehen (siehe Anleitung S. 16). Die Drops nach etwa 30 Sekunden mit einem Teesieb aus dem Calazoon-Bad nehmen, im Wasserbad abspülen und anschließend direkt in das Cocktailglas geben. Der Ansatz ergibt etwa 200 kleine Drops.

ANRICHTEN: Ein Cocktailglas zu einem Drittel mit kleinen Grenadine-Drops füllen. Anschließend nacheinander 2 cl Tequila und 2 cl Zitronensaft hinzufügen und das Glas mit Orangensaft auffüllen. Den Cocktail mit einem Strohhalm und einem langstieligen Löffel servieren.

Zubehör

- **Messer**
- **Schneidebrett**
- **Topf**
- **Schneebesen**
- **Eiswürfelform** (hitzebeständig)
- **Happy Spoon** (Partylöffel)

Zutaten für ca. 20 Cocktailwürfel

- **3 cl Rum** (Havanna Club 3 Años)
- **2 cl Zitronensaft**
- **2 cl Limettensaft** (von Roses)
- **4 gestr. Dosierlöffel Agazoon**
- **Erdbeeren**

Strawberry Daiquiri

Optisch wie geschmacklich eine gelierte Wucht!
Schwierigkeitsgrad: mit wenig Aufwand ein tolles Ergebnis

Herstellung des Strawberry Daiquiri-Gelees

Die Erdbeeren waschen und in schöne mundgroße Stücke schneiden. Anschließend in eine Eiswürfelform verteilen. Am schönsten sehen die Ergebnisse aus, wenn die Schnittstellen der Erdbeeren direkt an den Rändern der Form platziert werden.

2 cl Zitronensaft, 2 cl Limettensaft, 2 cl Wasser und 4 gestr. Dosierlöffel Agazoon in einen kleinen Topf geben und unter ständigem Rühren kurz aufkochen (siehe Anleitung S. 20). Dann erst die 3 cl Rum hinzugeben und den Topf sofort von der Kochstelle nehmen. Die Daiquiri-Masse in die Form mit den Erdbeeren gießen und zum Auskühlen und Gelieren an einen kalten Ort stellen.

ANRICHTEN: Den festen, gelierten Strawberry Daiquiri aus der Form nehmen und mit einer Dekoration nach Wahl auf einem Happy Spoon anrichten.

Zubehör

- Messer
- Mörser
- Sieb
- Topf
- flache Schale

Zutaten für
20 gefüllte Kumquats

- **20 Kumquats** (möglichst groß)
- **2 TL brauner Rohrzucker**
- **4 cl Lime Juice Cordial**
- **10 cl Gin** (Bombay Sapphire, oder Beefeater)
- **2 gestr. Dosierlöffel Agazoon**

Bombay Crushed

Ein kleiner Cocktailhappen – fruchtiger Biss, weicher alkoholischer Kern
Schwierigkeit: erfordert nur etwas Fingerfertigkeit

1. Vorbereitung des Cocktails

Von den Kumquats das obere Drittel mit dem Ansatz abschneiden und die Früchte dann mit einem Espressolöffel vorsichtig aushöhlen. Dabei mit dem Löffel dicht an der äußeren Schale entlang fahren, das geht einfacher als es klingt. Die Abschnitte und das Fruchtfleisch in ein festes Glas oder einen Becher geben, mit 2 TL braunem Zucker und 4 cl Lime Juice mörsern und 10 cl Gin dazugeben. Alles zusammen ein paar Minuten ziehen lassen und dann durch ein Sieb passieren.

2. Herstellung des Kumquat-Gels

2 gestr. Dosierlöffel Agazoon in den so entstandenen Kumquat-Saft einrühren und die Mischung in einem Topf kurz aufkochen (Mikrowelle bei geringer Leis-tung oder Herd bei mittlerer Hitze). Die ausgehöhlten Kumquats in eine flache Schale geben, sodass sie mit der offenen Seite nach oben stehen und nicht umkippen können. Das warme Gelee bis zum Rand in die Früchte füllen und kaltstellen.

ANRICHTEN: Einen geeigneten Teller mit etwas braunem Zucker ausstreuen und die kalten (!) gefüllten Kumquats darauf anrichten.

Zubehör

- **Schneebesen**
- **hohes Gefäß**
- **Sahnesiphon**
- **Sahnepatrone**
- **Shaker**
- **Barsieb**

Zutaten für 1 Cocktail

- **7 cl Crema de Alba**
- **4 cl Tia Maria** (oder ein anderer Kaffeelikör)
- **2 cl Mozart Black** (oder ein anderer Schokoladenlikör)
- **2 cl Brandy de Jerez** (z. B. Gran Duque d'Alba)
- **2 cl Celluzoon-Lösung** (ergibt 10 cl Celluzoon-Lösung, pro Cocktail werden 2 cl der Lösung benötigt)
- **1 gestr. Dosierlöffel Xanthazoon**

Falscher Cappuccino

Sieht aus wie ein Cappucino, hat es aber in sich – der Espuma mildert die alkoholische Wucht.
Schwierigkeitsgrad: geht ganz locker vom Hocker

1. Vorbereitung der Celluzoon-Lösung

6 gestr. Dosierlöffel Celluzoon mit einem Schneebesen in 100 ml eiskaltem Wasser verrühren, bis das Pulver sich vollständig aufgelöst hat (siehe Anleitung S. 18). Die Celluzoon-Lösung 30 Minuten ruhen lassen, damit der Schaum sich absetzen kann. Pro Cocktail werden 2 cl Lösung benötigt.

2. Herstellung des Crema de Alba-Espuma

7 cl Crema de Alba, 2 cl Celluzoon-Lösung und einen gestr. Dosierlöffel Xanthazoon zusammen in ein hohes Gefäß geben und gut miteinander vermischen. Die Mischung in einen Sahnesiphon füllen, eine Sahnepatrone aufschrauben und gut schütteln. Der Ansatz reicht für 3 – 4 Cocktails.

3. Herstellung der Cocktailmischung

4 cl Tia Maria, 2 cl Mozart Black und 2 cl Brandy de Jerez auf Eis im Shaker schütteln und durch ein Barsieb ins Glas abseihen.

ANRICHTEN: Den Crema de Alba-Espuma auf den Cocktail sprühen. Filigrane Schokogarnituren machen sich als Deko gut.

Zubehör

- hohes Gefäß
- elektr. Rührstab
- Pipette oder Spritze
- Teesieb

Zutaten für 1 Cocktail

- 5 cl Selleriesaft und / oder Kräutersaft
- 8 cl Tomatensaft
- 4 gestr. Dosierlöffel Algizoon (ergibt 12 cl Aligzoon-Lösung, pro Cocktail werden 5 cl der Lösung benötigt)
- 5 gestr. Dosierlöffel Xanthazoon
- 4 gestr. Dosierlöffel Calazoon

Spicy Bloody Mary Espuma

Würziger Schaum + aromatischer Kaviar = ein pikanter Bluff!
Schwierigkeitsgrad: Dabei kommt keiner ins Schwitzen.

1. Vorbereitung der Algizoon-Lösung

4 gestr. Dosierlöffel Algizoon in 120 ml Wasser mit einem elektrischen Rührstab verrühren, bis es vollständig aufgelöst ist (siehe Anleitung S. 16). Zum Entweichen der Luftblasen sollte die Lösung für 1 – 2 Stunden in den Kühlschrank gestellt werden. Für jeden Cocktail benötigen Sie 2 cl der Lösung.

2. Vorbereitung des Calazoon-Bades

4 gestr. Dosierlöffel Calazoon in 130 ml Wasser mit einem elektrischen Rührstab verrühren, bis es vollständig aufgelöst ist (siehe Anleitung S. 16).
Die Calazoon-Lösung in eine tiefe Schale füllen.

3. Herstellung des Tomatenespumas

8 cl Tomatensaft mit Muskat, Salz, Pfeffer, Selleriesalz oder anderen Gewürzen würzen und mit 5 gestr. Dosierlöffeln Xanthazoon mit dem Rührstab zu einem festen Schaum verqirlen.

4. Herstellung Sellerie-Kräuter-Kaviar

5 cl Sellerie- bzw. Kräutersaft mit 2 cl Algizoon-Lösung vermischen und mit einer Pipette oder Spritze in das vorbereitete Calazoon-Bad tropfen, die grünen Kaviarperlen mit einem Teesieb entnehmen (siehe Anleitung S. 16). Dieser Ansatz ergibt ca. 300 Perlen.

ANRICHTEN: Zuerst eine Schicht mit grünen Kaviarperlen in ein Longdrinkglas geben, darauf den Tomatenschaum und eine weitere Schicht grüner Kaviarperlen verteilen. Mit einer Selleriestange dekorieren und mit einem Barlöffel servieren.

Ein Tipp: Wer diese Bloody Mary mit Alkohol zubereiten möchte, ersetzt 2 – 4 cl Tomatensaft durch Wodka.

Zubehör

- **hohes Gefäß**
- **elektr. Rührstab**
- **Pipette oder Spritze**
- **Teesieb**

Zutaten für 1 Cocktail

- **4 cl Cranberry Sirup**
- **1 cl Cranberry Juice**
- **7 cl eiskalter alkoholfreier Sekt** (z. B. Light Live)
- **4 gestr. Dosierlöffel Algizoon** (ergibt 12 cl Aligzoon-Lösung, pro Cocktail werden 2 cl der Lösung benötigt)
- **4 gestr. Dosierlöffel Calazoon**

Kir Royal light

Erst ein Schluck Sekt mit etwas Cranberry-Kaviar, dann ein zarter Biss auf die Perlen – und ihr flüssiger Inhalt vermischt sich mit dem Sekt zu einer köstlichen Allianz.

Schwierigkeitsgrad: ein wenig Übung und man produziert Kaviarperlen wie im Schlaf

1. Vorbereitung der Algizoon-Lösung

4 gestr. Dosierlöffel Algizoon in 120 ml Wasser mit einem elektrischen Rührstab verrühren, bis das Pulver vollständig aufgelöst ist (siehe Anleitung S. 16). Zum Entweichen der Luftblasen sollte die Lösung 1 – 2 Stunden in den Kühlschrank gestellt werden. Pro Cocktail benötigen Sie 2 cl dieser Lösung.

2. Vorbereitung des Calazoon-Bades

4 gestr. Dosierlöffel Calazoon in 130 ml Wasser mit einem elektrischen Rührstab verrühren, bis das Pulver vollständig aufgelöst ist (siehe Anleitung S. 16). Die Calazoon-Lösung in eine tiefe Schale füllen.

3. Herstellung des Cranberry-Kaviars

4 cl Cranberry Sirup, 1 cl Cranberry Juice und 2 cl Algizoon-Lösung vermischen und mit einer Pipette oder Spritze in das vorbereitete Calazoon-Bad tropfen, die roten Kaviarperlen nach etwa 30 Sekunden mit einem Teesieb herausnehmen und in klarem Wasser spülen (siehe Anleitung S. 16). Der Ansatz reicht für ca. 300 kleine Perlen.

ANRICHTEN: Die Cranberry-Perlen in ein Sektglas geben und mit alkoholfreiem Sekt auffüllen.

Zubehör

• **Stößel**

…ellu-

…ösung,

… der

… benötigt)

- **2 gestr. Dosierlöffel Xanthazoon**
- **2 TL brauner Zucker**
- **6 Achtel Limette**
- **2 cl Lime Juice Cordial** (von Roses)
- **Crushed-Ice**

Ipanema

Dieser Cocktail überrascht durch den Kontrast des weichen Schaums zu den fruchtigen Fasern der Limette und der Körnigkeit des Zuckers – eine tolle Erfahrung!

Schwierigkeitsgrad: auch für Anfänger ganz leicht

1. Vorbereitung der Celluzoon-Lösung

6 gestr. Dosierlöffel Celluzoon mit einem Schneebesen in 100 ml eiskaltem Wasser verrühren, bis das Pulver sich vollständig aufgelöst hat (siehe Anleitung S. 18). Die Celluzoon-Lösung 30 Minuten ruhen lassen, damit der Schaum sich absetzen kann. Pro Cocktail werden 2 cl Lösung benötigt.

2. Vorbereitung der Zucker-Limetten-Mischung

2 TL braunen Zucker, die Limettenstücke und 2 cl Lime Juice in ein Glas geben, mit einem Stößel oder Stiel eines Holzlöffels zerstoßen und dabei vermischen.

3. Herstellung des Maracuja-Schaumes

8 cl Maracujasaft, 2 cl Celluzoon-Lösung und 2 gestr. Dosierlöffel Xanthazoon zusammen in ein hohes Gefäß geben und dann mit einem elektrischen Handrührgerät zu Schaum aufschlagen.

ANRICHTEN: Das Glas mit der Zucker-Limetten-Mischung bis zur Hälfte mit Crushed-Ice auffüllen. Anschließend den Maracuja-Schaum bis zum Rand darauf geben und das Ganze kurz mit einem Löffel vermengen. Mit einer Limettenscheibe oder -schale garnieren und den Cocktail mit Strohhalm servieren.

1. alkoholisch

Piña Colada in Pitaya
Nutty Colada
Frozen Russian
After Nine
Aperol Sour mit Passionsfrucht
Strawberry Margerita
B52 – Oral Explosion
Campari Orange
Kahlúa Tropical
Mit Martini gefüllte Oliven
Aperol Sour für Messer und Gabel
Geschäumter Daiquiri mit Erdbeerdrops
Soleroschaum auf Koskosnuss
3 Spoon-Cocktails
3 gefüllte Spoon-Cocktails
Stabilisierter Strawberry Colada
Kalter Konfetti-Punsch
Hot Peach Lolli
Space Vision

Für Fortge-schrittene

BERAUSCHENDE SPOON-COCKTAILS, HEISSE LOLLIS, AUFREGENDE SCHÄUME – nach den ersten Erfolgen im molekularen Mixen geht es jetzt ambitionierter zur Sache. Nun folgen Rezepturen, die etwas Übung und ein paar Handgriffe mehr erfordern. Und ein Händchen fürs Dekorative ist auch gefragt. Trotzdem muss man kein Profi sein, um relativ schnell fantastische Ergebnisse zu erzielen. Bildschön sind die Cocktails noch dazu ...

Zubehör
- **Topf**
- **Sieb**

Zutaten für 4 Cocktails
- **1 Pitaya**
- **3 cl Kokossirup**
- **3 cl Sahne**
- **2 cl Jamaika Rum**
- **10 cl Ananassaft**
- **4 gestr. Dosierlöffel Agazoon**

Piña Colada in Pitaya

Optische Täuschung! Das Auge sieht Fruchtfleisch, der Gaumen weiß es besser …
Schwierigkeitsgrad: ein paar Handgriffe mehr, die sich lohnen

1. Vorbereitung des Cocktails

Die Pitaya vierteln und mit einem Löffel aushöhlen. Das Fruchtfleisch mit den Kernen durch ein Sieb pressen. Die Kerne aufbewahren.

2. Herstellung des Piña Colada-Gelees

3 cl Kokossirup, 3 cl Sahne, 2 cl Rum und 10 cl Ananassaft mischen und in einen Topf geben. Das Agazoon-Pulver und die Pitayakerne zugeben, dann unter Rühren aufkochen. Abschließend die Masse in die Pitayaschalen füllen und zum Abkühlen und Gelieren in den Kühlschrank stellen.

ANRICHTEN: Den Cocktail mit einem Löffel servieren.

Zubehör
- Drop-Löffel
- Teesieb
- Sahnesiphon
- Sahnepatrone
- Happy Spoons

Zutaten für 10 – 12 Cocktails auf Happy Spoons
- 4 cl Amaretto
- 2 cl Algizoon-Lösung
- 2,5 cl Sahne
- 0,5 cl Mandelsirup
- 7 cl Ananassaft
- 1 gestr. Dosierlöffel Xanthazoon
- Calazoon-Bad

Spoon Cocktail

Nutty Colada

Dieser Cocktail besteht aus einem Amaretto-Drop, der in einem Colada-Espuma eingebettet ist. Eine sensationelle Komposition auf einem Löffel.
Schwierigkeitsgrad: benötigt etwas Finderspitzengefühl

1. Algizoon-Lösung

Nach Anleitung auf Seite 16 vorbereiten.

2. Calazoon-Bad

Nach Anleitung auf Seite 16 vorbereiten.

3. Herstellung der Amaretto-Drops

4 cl Amaretto und 2 cl Algizoon-Lösung in eine kleine Schale geben und gut miteinander vermischen. Die Amaretto-Algizoon-Lösung dann nach und nach mit dem Drop-Löffel in das Calazoon-Bad geben, sodass große runde Drops entstehen (siehe Anleitung S. 16). Nach etwa 30 Sekunden mit einem Teesieb aus dem Calazoon-Bad herausnehmen und in einer Schale mit kaltem Wasser abspülen. Einen großen Amaretto-Drop pro Happy Spoon herstellen.

4. Herstellung des Colada-Espuma

2,5 cl Sahne, 0,5 cl Mandelsirup, 7 cl Ananassaft und das Xanthazoon-Pulver gut vermischen. Die Mischung in einen Sahnesiphon füllen, eine Sahnepatrone aufschrauben und gut schütteln.

ANRICHTEN: Den Nutty Colada-Espuma direkt auf den Happy Spoon sprühen. Auf die Mitte des Schaumes den Amaretto-Drop platzieren und sofort servieren.

Zubehör

- **Elektr. Mixer**
- **Pipette oder Spritze**
- **Teesieb**

Zutaten für 1 Cocktail

- **Zitronengras**
- **2 cl Wodka**
- **1 cl Limettensaft**
- **2 cl Calvados**
- **Crushed-Ice**
- **4 cl Blue Curaçao**
- **Ingwer**
- **2 cl Algizoon-Lösung**
- **Calazoon-Bad**

Frozen Russian mit Blue Curaçao Kaviar

Erfrischend – auch für das Auge.
Schwierigkeitsgrad: ein bisschen blenden, ein bisschen tröpfeln – für Geübte null Problem

1. Algizoon-Lösung

Nach Anleitung auf Seite 16 vorbereiten.

2. Calazoon-Bad

Nach Anleitung auf Seite 16 vorbereiten.

3. Vorbereitung des Cocktails

1 Messerspitze fein geriebenes Zitronengras, Limettensaft, Wodka, Calvados und viel Crushed-Ice in einem Blender mixen, bis eine beinahe feste Masse entstanden ist.

4. Herstellung der Blue Curaçao-Kaviar

2 cl Algizoon-Lösung mit 4 cl Blue Curaçao und etwa 1 Messerspitze geriebenen Ingwer in einer kleinen Schale miteinander vermischen. Mit einer Pipette oder Spritze in das Calazoon-Bad eintropfen. Die Kaviarperlen nach ca. 30 Sekunden mit einem Teesieb herausnehmen, in klarem Wasser abspülen und abtropfen. (siehe Anleitung S. 16). Dieser Ansatz reicht für ca. 300 kleine Drops.

ANRICHTEN: Etwa 20 Blue Curaçao-Kaviarperlen in ein schmales, langes Glas geben und mit dem Cocktail auffüllen. Mit einem dicken Strohhalm servieren.

Zubehör

- **Topf**
- **Spritze oder Pipette**
- **Schaumlöffel**
- **elektr. Handrührgerät**
- **hohes Gefäß**

Zutaten für 4 Cocktails

- **12 cl Mozart Liqueur white** (s. S. 115)
- **12 cl Vincent Van Gogh Vodka Chocolate**
- **2 cl Celluzoon-Lösung**
- **1 gestr. Dosierlöffel Xanthazoon**
- **8 cl Bols Peppermint Green**
- **4 cl Algizoon-Lösung**
- **dunkle Borkenschokolade**
- **Calazoon-Bad**

Ein Eyecatcher – und als After-Dinner-Cocktail was für Fans von After Eight

Schwierigkeitsgrad: benötigt eine sehr ruhige Hand zum »Schlangenbeschwören«

After Nine

1. Algizoon-Lösung

Nach Anleitung auf Seite 16 vorbereiten.

2. Calazoon-Bad

Nach Anleitung auf Seite 16 vorbereiten.

3. Celluzoon-Lösung

Nach Anleitung auf Seite 18 vorbereiten.

4. Herstellung des Mozart-Schaumes

12 cl Mozart Liqueur, 12 cl Vincent Van Gogh Wodka, 12 cl Sahne, 2 cl Celluzoon-Lösung und einen gestr. Dosierlöffel Xanthazoon in ein hohes Gefäß geben und mit einem elektrischen Handrührgerät zu Schaum aufschlagen.

5. Herstellung der Peppermint-Schlange

4 cl Algizoon-Lösung mit 8 cl Bols Peppermint Green vermischen und die Lösung mit einer Pipette ganz langsam ohne abzusetzen in das Calazoon-Bad spritzen, sodass eine lange Schlange oder eine lange dicke Nudel entsteht. Mit einem Schaumlöffel herausnehmen.

ANRICHTEN: Die Peppermint-Schlange spiralförmig an die Glaswand einer flachen Cocktailschale drapieren. Das Glas mit Mozartschaum auffüllen und mit Borkenschokolade dekorieren.

Zubehör
- Topf
- Spritze oder Pipette
- Teesieb
- elektr. Handrührgerät
- Sahnesiphon
- Sahnepatrone

Zutaten für 4 Cocktails
- 50 cl Orangensaft
- 2 TL Zucker
- 3 cl frischer Zitronensaft
- 2 gestr. Dosierlöffel Xanthazoon
- 4 cl Celluzoon-Lösung
- Passionsfrüchte (Maracuja)
- 4 cl Algizoon-Lösung
- 8 cl Aperol
- Calazoon-Bad

Aperol Sour
mit Passionsfrucht

Eine köstliche Kombination mit drei unterschiedlichen Frucht-Texturen
Schwierigkeitsgrad: für geübte »Perlentaucher« kein Problem

1. Algizoon-Lösung

Nach Anleitung auf Seite 16 vorbereiten.

2. Calazoon-Bad

Nach Anleitung auf Seite 16 vorbereiten.

3. Celluzoon-Lösung

Nach Anleitung auf Seite 18 vorbereiten.

4. Vorbereitung des Orangen-Espuma

20 cl Orangensaft mit 2 TL Zucker zu Karamell einkochen, mit dem Zitronensaft aufgießen und mit Orangensaft auf 36 cl auffüllen, vom Feuer nehmen. 2 gestr. Dosierlöffel Xanthazoon und 4 cl Celluzoon-Lösung einrühren, in einen Sahnesiphon geben und eine Sahnepatrone eindrehen. Kaltstellen.

5. Herstellung der Aperol-Perlen

4 cl Algizoon-Lösung mit 8 cl Aperol vermischen und die Lösung mit einer Spritze oder Pipette in das Calazoon-Bad tropfen, nach ca. 30 Sekunden mit einem Sieb oder Sieblöffel herausnehmen (siehe Anleitung S. 16) und in klarem Wasser spülen.

ANRICHTEN: Passionsfrüchte aufschneiden, das Fruchtfleisch mit einem Löffel herausholen und leicht verrühren. 3 TL Aperol Perlen mit 1 TL Passionsfruchtfleisch und Orangenschaum in ein Glas geben und verrühren, sodass Perlen und Passionsfrucht im Schaum verteilt sind.

Zubehör

- elektr. Handrührgerät
- Mikrowelle
- Sieb
- Sahnesiphon
- Sahnepatrone

Zutaten für 4 Cocktails

- 16 cl Tequila weiss (z. B. Olmeca)
- 8 cl Orangenlikör (Cointreau oder Triple Sec)
- 2,5 cl frischer Limettensaft
- 3 cl Lime Juice Cordial
- 2 cl Celluzoon-Lösung
- 200 g Erdbeerpüree
- 5 gestr. Dosierlöffel Agazoon

Strawberry Margarita

Cocktailklassiker – aus Schaum geboren.
Schwierigkeitsgrad: benötigt etwas mehr Zeit als ein einfacher Schaum

1. Celluzoon-Lösung

Nach Anleitung auf Seite 18 vorbereiten.

2. Vorbereitung des Margarita

10 cl Tequila, 5 cl Orangenlikör, 2,5 cl frischer Limettensaft, 2 cl Lime Juice Cordial, 2 cl Celluzoon-Lösung und 6 cl Wasser mischen und kaltstellen.

3. Vorbereitung des Erdbeerschaum

200 g Erdbeerpüree durch ein Sieb streichen, damit die Samen zurückbleiben. Je nach Qualität der Erdbeeren kann etwas Zucker oder Erdbeersirup zugegeben werden. Das Erdbeerpüree mit 6 cl Tequila, 3 cl Orangenlikör, 1 cl Lime Juice Cordial und 5 gestr. Dosierlöffeln Agazoon mischen und bei geringer Hitze kurz aufkochen. Heiß in den Sahnesiphon füllen und eine Patrone eindrehen, schütteln und kaltstellen (im Kühlschrank oder auf Eis).

ANRICHTEN: Mit einem Milchaufschäumer oder Mixer die Margarita gut aufschäumen, bis ein feiner, kompakter Schaum entsteht. Ein Cocktailglas etwa zur Hälfte mit Erdbeerschaum aus dem Siphon füllen und 2 – 3 EL Margarita-Schaum daraufgeben. Der Erdbeerschaum wird schnell großporig, der Margaritaschaum bleibt stabil, beide sollen verrührt werden, dadurch entsteht ein einheitlicher, stabiler Schaum, der getrunken oder mit Löffel gegessen werden kann.

Zubehör

- Drop-Löffel
- Teesieb

Zutaten für 1 Cocktail

- 4 cl Kahlúa
- 4 cl Baileys Irish Cream
- 1 cl Rum (zum Anzünden mit mindestens 70 % Vol. Alk.)
- 4 cl Algizoon-Lösung
- Calazoon-Bad

B52

Dieser molekulare B52 ist in großen Liquid-Drops verkapselt, die im Mund zerplatzen und eine Geschmacksexplosion auslösen.

Schwierigkeitsgrad: erfordert etwas Übung, Naturtalente haben den Drops-Dreh schnell raus

Oral Explosion

1. Algizoon-Lösung

Nach Anleitung auf Seite 16 vorbereiten.

2. Calazoon-Bad

Nach Anleitung auf Seite 16 vorbereiten.

3. Herstellung der Kahlúa-Drops

2 cl Algizoon-Lösung und 4 cl Kahlúa in einer kleinen Schale gut miteinander vermischen. Die Kahlúa-Algizoon-Mischung dann nach und nach mit dem Drop-Löffel in das Calazoon-Bad geben, sodass große runde Drops entstehen (siehe Anleitung S. 16).
Nach etwa 30 Sekunden die Drops mit einem Teesieb herausnehmen und sie direkt in ein Shooterglas geben. Insgesamt sollten 8 Kahlúa-Drops hergestellt werden.

4. Herstellung der Baileys-Drops

2 cl Algizoon-Lösung und 4 cl Baileys Irish Cream in einer kleinen Schale gut miteinander vermischen. Der Baileys wird dadurch dickflüssig. Dann die Baileys-Algizoon-Mischung nach und nach mit dem Drop-Löffel in das Calazoon-Bad geben, sodass große runde Drops entstehen (siehe Anleitung S. 16). Nach etwa 30 Sekunden die Drops mit einem Teesieb herausnehmen und sie direkt in das Shooterglas geben. Insgesamt 8 Baileys Drops herstellen.

ANRICHTEN: Das Shooterglas mit den Kahlúa-Drops und Baileys-Drops mit 1 cl Rum aufgießen und mit einem Teelöffel zusammen servieren. Wenn Rum mit über 70 % Vol. Alk. wie beispielsweise Stroh Rum verwendet wird, kann der Cocktail angezündet werden.

Zubehör
- Drop-Löffel
- Teesieb
- elektr. Handrührgerät
- Sahnesiphon
- Sahnepatrone

Zutaten für 6 Cocktails
- 10 g Zucker
- 400 ml Orangensaft
- 4 gestr. Dosierlöffel Agazoon
- 2 gestr. Dosierlöffel Xanthazoon
- 4 cl Celluzoon-Lösung
- 3 cl Algizoon-Lösung
- 8 cl Campari
- Calazoon-Bad

Campari Orange

Eine bittersüße Erfahrung, eingebettet in erfrischenden Schaum

Schwierigkeitsgrad: für Schaumschläger und Verkapseler kein Problem

1. Algizoon-Lösung

Nach Anleitung auf Seite 16 vorbereiten.

2. Calazoon-Bad

Nach Anleitung auf Seite 16 vorbereiten.

3. Celluzoon-Lösung

Nach Anleitung auf Seite 18 vorbereiten.

4. Vorbereitung des Orangen-Espuma

100 ml Orangensaft mit 10 g Zucker einkochen und karamellisieren, mit Orangensaft auffüllen auf 36 cl, Agazoon einrühren und nochmals aufkochen. Vom Feuer nehmen und das Xanthazoon klumpenfrei einrühren, etwas abkühlen lassen, dann die 4 cl Calluzoon-Lösung dazugeben. Die Mischung in einen Sahnesiphon geben und eine Sahnepatrone eindrehen, schütteln und kaltstellen (am besten in einem Eis-Bad).

5. Herstellung der Campari-Drops

3 cl Algizoon-Lösung mit 8 cl Campari vermischen, je 0,5 cl Lösung mit einem Drop-Löffel in das vorbereitete Calazoon-Bad geben, um Kugeln zu formen. Nach ca. 1 Minute mit dem Teesieb entnehmen und in klarem Wasser waschen.

ANRICHTEN: Orangenschaum in ein Cocktailglas sprühen und 5 – 6 Campari-Drops daraufgeben, sie sollten oben bleiben und nicht einsinken.
Mit geriebener Orangenschale garnieren.

Zubehör

- elektr. Rührgerät
- Reibe

Zutaten für 1 Cocktail

- 4 cl Tequila Sierra
- 5 cl Orangensaft
- 5 cl Maracujasaft
- 1 cl Zitronensaft
- 2 EL Xanthazoon-Lösung
- Schokolade oder fertige Schokoraspeln
- 2 cl Grenadine
- 2 cl Kahlúa
- Crushed-Ice

Kahlua Tropical als Fluides Gel

Ein tropisches Cocktailgel mit »schwebenden« Schokostückchen

Schwierigkeitsgrad: eigentlich einfach, man muss aber auf die gleichmäßige Verteilung der Schokostückchen achten

1. Xanthazoon-Lösung

Nach Anleitung auf Seite 22 vorbereiten.

2. Herstellung des fluiden Cocktailgels

4 cl Tequila Sierra, 5 cl Orangensaft, 5 cl Maracujasaft, 1 cl Zitronensaft und 2 geh. EL Xanthazoon-Lösung in einen kleinen Shaker geben und mixen. 25 g Schokolade in kleine Stücke raspeln bzw. fertige Schokostücke verwenden. Schokoraspeln in den Cocktail geben und gleichmäßig in dem fluiden Gel verteilen. Die Schokostückchen sollten in Schwebe bleiben.

ANRICHTEN: Cocktailglas mit 2 cl Kahlúa und 2 cl Grenadine auf Crushed-Ice füllen. Fluides Cocktailgel zugeben und mit weiteren Schokostückchen verzieren.

Zubehör
- **Teesieb**
- **kleine Sprühflasche** (lebensmittelecht)

Zutaten für 50 Cocktailoliven
- **6 cl Bombay Sapphire Gin**
- **2 cl Noilly Prat**
- **3 cl Algizoon-Lösung**
- **ca. 50 große entsteinte grüne Oliven**
- **Bombay Sapphire Gin**
- **Calazoon-Bad**

Mit Martini gefüllte Oliven

Raffiniert! Die Füllung der Oliven ist flüssiger als vermutet.
Schwierigkeitsgrad: benötigt etwas Geschick beim Balancieren der Oliven

1. Algizoon-Lösung
Nach Anleitung auf Seite 16 vorbereiten.

2. Calazoon-Bad
Nach Anleitung auf Seite 16 vorbereiten.

3. Füllung der Oliven

3 cl Algizoon-Lösung, 6 cl Bombay Sapphire Gin und 2 cl Noilly Prat vermischen. Die Oliven mit der Cocktailmischung füllen, vorsichtig in das Cala-zoon-Bad geben. Nach ca. 30 Sekunden mit einem Sieb entnehmen.

ANRICHTEN: Gin in die Sprühflasche füllen. Oliven im Martiniglas anrichten und mit Gin besprühen.

Zubehör

- **eine Form** (am besten eine ringförmige Puddingform)
- **Pipette oder Spritze**
- **Drop-Löffel**
- **Teesieb**

Zutaten für 1 Cocktail

- **7 cl Aperol**
- **5 cl Zitronensaft**
- **7 cl Orangensaft**
- **1 TL Puderzucker**
- **3 gestr. Dosierlöffel Agazoon**
- **2 cl Algizoon-Lösung**
- **2 gestr. Dosierlöffel Lycozoon**
- **Calazoon-Bad**

Aperol Sour für Messer und Gabel

Ein Cocktail als farbenprächtiges Fruchtdessert
Schwierigkeitsgrad: etwas für geschickte Finger und Dekorationskünstler

1. Algizoon-Lösung

Nach Anleitung auf Seite 16 vorbereiten.

2. Calazoon-Bad

Nach Anleitung auf Seite 16 vorbereiten. Anschließend die Calazoon-Lösung in eine tiefe Schale geben und 2 cl Aperol hinzufügen.

3. Herstellung der Orangenform

5 cl Zitronensaft, 7 cl Orangensaft, 1 TL Puderzucker und Agazoon-Pulver in einen kleinen Topf geben. Die Säfte müssen dann unter ständigem Rühren kurz aufgekocht werden (siehe Anleitung S. 20).
Die heiße Lösung in eine Form gießen, zum Abkühlen und Gelieren an einen kalten Ort stellen.

4. Herstellung des Aperol-Kaviars und der Aperol-Drops

5 cl Aperol und Lycozoon verrühren, bis sich das Pulver vollständig auflöst. Die Mischung mit Algizoon-Lösung in einer kleinen Schale gut miteinander vermischen. Das Gemisch mit einer Pipette oder Spritze direkt in das Calazoon-Bad eintropfen, sodass kleine Kaviarperlen entstehen (siehe Anleitung S. 16). Nach 30 Sekunden mit dem Teesieb entnehmen.
Mit Hilfe des Drop-Löffels große Aperol-Drops herstellen (siehe Anleitung S. 16). Nach etwa 30 Sekunden mit einem Teesieb entnehmen. Der Ansatz ergibt ca. 15 große Drops oder ca. 300 kleine Perlen.

ANRICHTEN: Den festen, gelierten Saft aus der Form nehmen und auf einem Teller anrichten. Die Aperol-Perlen und die Aperol-Drops hinzufügen und den essbaren Cocktail mit Messer und Gabel servieren.

Zubehör

- Pipette
- Teesieb
- elektr. Handrührgerät

Zutaten für 1 Cocktail

- 4 cl Erdbeersirup
- 2 EL Erdbeerpüree
- 2 cl Algizoon-Lösung
- 3 cl weißer Rum
- 1 cl Limettensaft
- 1 cl Zuckersirup
- 1 cl Celluzoon-Lösung
- 1 gestr. Dosierlöffel Xanthazoon
- Crushed-Ice
- Calazoon-Bad

Geschäumter Daiquiri mit Erdbeerdrops

Schaum plus Drops – eine klassische molekulare Kreation

Schwierigkeitsgrad: erfordert etwas Fingerspitzengefühl

1. Algizoon-Lösung

Nach Anleitung auf Seite 16 vorbereiten.

2. Calazoon-Bad

Nach Anleitung auf Seite 16 vorbereiten.

3. Vorbereitung der Celluzoon-Lösung

Nach Anleitung auf Seite 18 vorbereiten.

4. Herstellung der Erdbeer-Drops

4 cl Erdbeersirup, 2 EL Erdbeerpüree und 2 cl Algizoon-Lösung in eine Schale gut vermischen. Die Erdbeermischung dann mit einer Pipette direkt in das Calazoon-Bad eintropfen, sodass kleine runde Drops entstehen (siehe Anleitung S. 16). Die Drops nach etwa 30 Sekunden mit einem Teesieb entnehmen. Der Ansatz reicht für ca. 300 kleine Drops.

5. Herstellung des Daiquiri-Schaumes

3 cl Rum, 1 cl Limettensaft, 1 cl Zuckersirup, 1 cl Celluzoon-Lösung, das Xanthazoon-Pulver und etwas Crushed-Ice mit einem eletrischen Handrührgerät zu Schaum aufschlagen.

ANRICHTEN: Den aufgeschäumten Daiquiri in ein Reagenzglas oder ein anderes schmales hohes Glas füllen. Die Erdbeer-Drops dazu geben und sie vorsichtig unterheben. Man kann den Cocktail mit Strohhalm servieren.

Zubehör

- **Hammer**
- **Sahnesiphon**
- **Sahnepatrone**

Zutaten für 1 Kokosnuss

- **1 Kokosnuss**
- **3 cl Tequila**
- **3 cl Licor43**
- **3 cl Sahne**
- **3 cl Kokossirup**
- **5 cl Maracujasaft**
- **5 cl Ananassaft**
- **4 cl Celluzoon-Lösung**
- **10 gestr. Dosierlöffel Xanthazoon**

Soleroschaum

auf Kokosnuss

Begeistert durch Optik und Geschmack!
Schwierigkeitsgrad: zum Zerteilen der Kokosnuss sind Muckis und Geschick gefragt

1. Celluzoon-Lösung

Nach Anleitung auf Seite 18 vorbereiten.

2. Vorbereitung des Cocktails

Die Kokosnussmilch aus der Kokosnuss auffangen und kalt stellen. Anschließend die Kokosnuss mit einem Hammer in kleine Stücke schlagen und die Schale von der Frucht lösen. Das Fruchtfleisch raspeln und in einer Pfanne leicht anrösten. Die mundgerechten Schalenstücke in heißem Wasser gründlich säubern.

3. Herstellung des Soleroschaumes

3 cl Tequila, 3 cl Licor43, 3 cl Sahne, 3cl Kokossirup, 5 cl Maracujasaft, 5 cl Ananassaft, 5 cl der kalten Kokosnussmilch, 4 cl Celluzoon-Lösung und das Xanthazoon gut miteinander vermischen. Die Masse in einen Sahnesiphon geben, 1 Sahnepatrone aufschrauben (bei einem 0,5 l-Siphon, bei einem 1 l-Siphon 2 Patronen verwenden) und mindestens 1 Stunde kaltstellen. Vor Gebrauch gut schütteln.

ANRICHTEN: Den Soleroschaum auf die kleinen Kokosnuss-Schalen spritzen und mit den gerösteten Kokosraspeln dekorieren.

Zubehör
- **Drop-Löffel**
- **Teesieb**
- **Happy Spoons**

Zutaten für je 10 Spoon-Cocktails
- **Callazoon-Bad**

Galliano Gotcha
- **4 cl Galliano**
- **1 cl Algizoon-Lösung**

Red Night
- **4 cl Aperol**
- **2 cl Grenadine**
- **3 cl Algizoon-Lösung**

Blue Eye
- **4 cl Curaçao**
- **2 cl Vodka**
- **3 cl Algizoon-Lösung**

Spoon-Cocktails

»Die« Klassiker der Molekularen Mixology! Im Mund wie ein Eidotter mit flüssigem Inhalt.
Schwierigkeitsgrad: vielen gelingen sie auf Anhieb, andere üben und üben und üben …

1. Algizoon-Lösung
Nach Anleitung auf Seite 16 vorbereiten.

2. Calazoon-Bad
Nach Anleitung auf Seite 16 vorbereiten.

3. Herstellung der Drops

Jeweils die Zutaten mit der Algizoon-Lösung vermischen und mit dem Drop-Löffel in das Calazoon-Bad geben, sodass große runde Drops entstehen (siehe Anleitung S. 16). Die Drops nach etwa 30 Sekunden mit einem Teesieb aus dem Calazoon-Bad herausnehmen und mit klarem Wasser abspülen.

ANRICHTEN: Den Galliano-Drop auf einem Happy-Spoon zum heißen Espresso mit Sahnehaube servieren. Red Night und Blue Eye werden auf Happy-Spoons solo serviert.

Gefüllte Spoon-Cocktails

Eine runde Sache mit Biss!
Schwierigkeitsgrad:
nicht schwieriger als die Klassiker

Zubehör
- **Drop-Löffel**
- **Teesieb**
- **Happy Spoons**

Zutaten für je 10 Spoon-Cocktails
- **Calazoon-Bad**

Aperol Mint (Foto)
- **5 cl Aperol**
- **ein kleines Minzblatt**
- **3 cl Algizoon-Lösung**

Mon Cherry
- **5 cl Kirschlikör**
- **ein paar ganz kleine Stückchen Bitterschokolade**
- **3 cl Algizoon-Lösung**

Chili Orange
- **5 cl Grand Marnier**
- **1 kleine Chilischote,** entkernt und in ganz kleine Stückchen geschnitten
- **3 cl Algizoon-Lösung**

1. Algizoon-Lösung

Nach Anleitung auf Seite 16 vorbereiten.

2. Calazoon-Bad

Nach Anleitung auf Seite 16 vorbereiten.

3. Herstellung der Drops

Jeweils 3 cl Algizoon-Lösung mit 5 cl der angegebenen Liköre verrühren und etwas stehen lassen, damit sich die Luftblasen zurückbilden. Löffel mit dem Gemisch füllen, ein kleines Minzblatt bzw. Schoko- oder Chilistückchen hinzugeben und ins Calazoon-Bad geben, sodass eine große Kugel entsteht. Mit einem Sieb herausnehmen.

ANRICHTEN: Alle gefüllten Spooncocktails werden auf Happy Spoons serviert.

Zubehör
- **Topf**
- **Stößel**
- **Form** (hitzebeständig)
- **elektr. Handrührgerät**

Zutaten für 4 – 5 Cocktails
- **2 cl Jamaica Rum**
- **3 cl Kokossirup**
- **3 cl Sahne**
- **10 cl Ananassaft**
- **4 gestr. Dosierlöffel Agazoon**
- **4 cl Erdbeersirup**
- **2 cl Limettensaft**
- **4 – 5 Erdbeeren**
- **Kokosraspeln**
- **Frische Minze**

Stabilisierter Strawberry Colada

Appetitliche Cocktailhappen.
Schwierigkeitsgrad: braucht etwas Zeit und ein Händchen fürs Dekorative

1. Teil der Zubereitung

3 cl Kokossirup, 3 cl Sahne, 2 cl Rum und den Ananassaft in einen kleinen Topf geben. 4 gestr. Dosierlöffel Agazoon zugeben und gut durchmischen, bis sich das Pulver völlig aufgelöst hat. Die Mischung dann unter Rühren kurz aufkochen lassen, in eine Form füllen, zum Abkühlen und Gelieren in den Kühlschrank stellen.

2. Teil der Zubereitung (nach ca. 30 Minuten)

Erdbeeren, 4 cl Erdbeersirup, 2 cl Limettensaft und 2 gestr. Dosierlöffel Agazoon mit einem Handrührer gut durchmixen bis sich das Pulver vollständig aufgelöst hat. Die Lösung unter Rühren kurz aufkochen, kurz abkühlen lassen und in die gleiche Form füllen. Alles zusammen wieder in den Kühlschrank geben, bis beide Massen fest sind.

ANRICHTEN: Wenn beide Massen fest geworden sind, werden sie in mundgerechte Stücke geschnitten und mit Kokosraspeln und frischer Minze dekoriert.

Zubehör

- **Schneebesen**
- **Topf**
- **Spritze oder Pipette**
- **Teesieb**
- **2 Eiswürfelschalen** (hitzebeständig)

Zutaten für 1 Liter Punch

- **75 cl starker weißer Tee**
- **50 g weißer Kandiszucker**
- **1 Stange Zimt**
- **2 Gewürznelken**
- **3 Korianderkörner**
- **3 Pimentkörner**
- **1 Stück Ingwer**
- **25 cl weißer Rum**
- **1 süß-saurer Apfel** (z. B. Braeburn)
- **Zitronensaft**
- **8 cl Bananensaft**
- **7 gestr. Dosierlöffel Agazoon**
- **4 cl Bols Banana**
- **8 cl Maracujasaft**
- **4 cl Bols Maracuja**
- **4 cl Bols Blue**
- **6 cl Algizoon-Lösung**
- **4 cl Bols Green Banana**
- **4 cl Bols Red Orange**
- **Calazoon-Bad**

Kalter Konfetti-Punsch

Ein Hingucker – und auch ein Hinschmecker, der durch verschiedene Texturen richtig Spaß macht.
Schwierigkeitsgrad: ohne Fleiß kein Preis

1. Algizoon-Lösung

Nach Anleitung auf Seite 16 vorbereiten.

2. Calazoon-Bad

Nach Anleitung auf Seite 16 vorbereiten.

3. Vorbereitung des Punsches

75 cl weißen Tee mit Kandis, 1 Stange Zimt, 2 Gewürznelken, 3 Korianderkörnern, 3 Pimentkörnern und einem kleinen Stück Ingwer aufkochen. Den Tee durch ein Sieb schütten, in eine Karaffe füllen und kalt stellen. Wenn der Tee erkaltet ist, den Rum hinzufügen. Den Apfel schälen, entkernen und in ganz kleine Stückchen (Größe wie die Kaviarperlen) schneiden. Mit etwas Zitronensaft beträufeln.

4. Herstellung der Gelees

8 cl Bananensaft und 3 gestr. Dosierlöffel Agazoon mit einem Schneebesen verrühren, bis sich das Pulver vollständig aufgelöst hat. Die Mischung in einem Topf bei ständigem Rühren aufkochen, vom Herd ziehen und 4 cl Bols Banana einrühren. Die Masse in einen Eiswürfelbehälter gießen und in den Kühlschrank stellen (siehe Anleitung S. 18). Mit dem übrigen Agazoon nach dem gleichen Verfahren ein Gelee aus Maracujasaft und Bols Maracuja herstellen. Wenn die Gelees fest sind, aus der Schale nehmen und in kleine Stückchen (Größe wie Kaviarperlen) schneiden.

5. Herstellung des Kaviars

2 cl Algizoon-Lösung und 4 cl Bols Blue in einer kleinen Schale miteinander vermischen. Mit einer Pipette oder Spritze in das Calazoon-Bad eintropfen. Die Kaviarperlen nach ca. 30 Sekunden mit einem Teesieb herausnehmen (siehe Anleitung S. 16).
Nach dem gleichen Verfahren Kaviar jeweils aus Bols Green Banana und Bols Red Orange herstellen.

ANRICHTEN: Apfel- und Geleestückchen mit Kaviarperlen in den Punsch geben und sanft verrühren.

Ein Tipp: Der Punsch kann auch alkoholfrei hergestellt werden. Dazu den Rum durch Apfelsaft und die Liköre durch Säfte ersetzen.

Zubehör

- **Topf**
- **hitzebeständige Eiswürfelform** für runde, ovale, herzförmige oder stabförmige Eiswürfel und etwas breitere Holzstäbchen (alternativ: Form für Eis am Stiel)

Zutaten für 4 – 6 Lollies

- **8 cl Pfirsichlikör**
- **8 cl Wodka**
- **1 – 2 getrocknete Pfirsiche**
- **1 / 2 grüne Chili**
- **2 cl Zitronensaft**
- **2 cl Pfirschsirup**
- **20 gestr. Dosierlöffel Agazoon**

Hot Peach Lolli

Kein Eis sondern Cocktail am Stiel – in der verschärften Version ...
Schwierigkeitsgrad: mit den richtigen Formen ganz easy, aber man braucht eine ruhige Hand

1. Vorbereitung des Cocktails

Die getrockneten Pfirsiche in ganz kleine Stückchen schneiden. Die Chili entkernen und in winzige Würfel schneiden.

2. Herstellung des Peach-Gelees

8 cl Pfirsichlikör, 2 cl Zitronensaft, 2 cl Wodka, 2 cl Pfirsichsirup, die Chilischnipsel und Pfirsichstückchen mit 20 gestr. Dosierlöffeln Agazoon in einem kleinen Topf unter ständigem Rühren kurz aufkochen (siehe Anleitung S. 20). 6 cl Wodka hinzufügen und sofort den Topf von der Kochstelle nehmen. Die Mischung in die Form gießen, zum Auskühlen und Gelieren an einen kalten Ort stellen.

ANRICHTEN: Peach-Gelee aus der Form nehmen und die Stäbchen vorsichtig bis zur Hälfte hineinstecken. Auf einer Platte servieren.

Zubehör
- **hohes Gefäß**
- **Topf**
- **hitzebeständige Eiswürfelformen**
- **elektr. Handrührgerät**

Zutaten für 3 – 4 Cocktails
- **4 cl Blue Curaçao Likör** (z. B. Bols Blue)
- **4 cl roter Orangenlikör** (z. B. Bols Red Orange)
- **6 cl Maracujanektar**
- **2 cl Absolut Vodka Ruby Red**
- **2 cl Celluzoon-Lösung**
- **2 gestr. Dosierlöffel Xanthazoon**
- **4 gestr. Dosierlöffel Agazoon**
- **Physalis**
- **Schale einer Bio-Orange**

Space Vision

Nicht nur für Star Treck-Fans eine spacige Textur-Erfahrung.
Schwierigkeitsgrad: das dekorative Anrichten erfordert eine ruhige Hand

1. Celluzoon-Lösung

Nach Anleitung auf Seite 18 vorbereiten.

2. Herstellung der Blue- und Red-Orange-»Space Würfel«

Den Blue Curaçao Likör in einen kleinen Topf geben und 2 gestrichene Dosierlöffel Agazoon zugeben. Den Likör schnell und kurz aufkochen, damit nicht zu viel Alkohol entweicht. Den heißen Likör dann in hitzebeständige Eiswürfelformen geben und zum Gelieren für ca. 2 Stunden in den Kühlschrank stellen. Zur Herstellung gefrorener »Space Würfel« kann die heiße Mischung auch in den Gefrierschrank gestellt werden. Analog den roten Orangenlikör mit 2 gestr. Dosierlöffeln Agazoon erhitzen und in Eiswürfelformen ausgießen.

3. Herstellung des Cocktailschaums

Den Maracujanektar und den Wodka zusammen mit 2 cl der vorbereiteten Celluzoon-Lösung und 2 gestr. Dosierlöffeln Xanthazoon in ein hohes Gefäß geben und die Mischung mit einem elektr. Handrührgerät für 1 – 2 Minuten zu einem festen Schaum aufschlagen.

ANRICHTEN: Cocktailschaum in eine Cocktailschale geben, gekühlte oder gefrorene Blue- und Red-Orange-Space-Würfel am Glasrand drapieren, mit einer Physalis dekorieren. Hauchdünne Orangenschalen schneiden, zu einem Nest zusammenrollen und in der Mitte des Glases drapieren.

Zubehör

- **elektr. Handrührgerät**
- **Drop-Löffel**
- **Teesieb**
- **Reibe**

Zutaten für 3 Cocktails

- **21 cl Schwarzwälder Kirschwasser**
- **9 cl Bols Maraschino**
- **3 cl Sahne**
- **3 cl Licor43**
- **3 cl Algizoon-Lösung**
- **8 cl Mozart Liqeuer**
- **2 gestr. Dosierlöffel Xanthazoon**
- **2 cl Celluzoon-Lösung**
- **Dunkle Schokolade** (ca. 70 % Kakaoanteil)
- **Cocktailkirschen**
- **Calazoon-Bad**

Schwarz-wälder Kirsch

Eine molekulare Hommage an die Schwarzwälder Kirschtorte – mit tollem Effekt.

Schwierigkeitsgrad: wer Drops produzieren kann, kann auch »Kirschen« herstellen

1. Celluzoon-Lösung

Nach Anleitung auf Seite 18 vorbereiten.

2. Calazoon-Bad

Nach Anleitung auf Seite 16 vorbereiten.

3. Algizoon-Lösung

Nach Anleitung auf Seite 16 vorbereiten.

4. Herstellung des Mozart-Espuma

8 cl Mozart Liqeuer, 2 cl Celluzoon-Lösung und 2 gestr. Löffel Xanthazoon zusammen in einen Messbecher geben und mit einem elektr. Handrührgerät zu Schaum aufschlagen.

5. Herstellung der Sahnekirschen

3 cl Sahne, 3 cl Licor43 und 3 cl Algizoon-Lösung vermischen und mit dem Drop-Löffel in das Calazoon-Bad geben, sodass kirschgroße, runde Drops entstehen (siehe Anleitung S. 16). Die Drops nach etwa 30 Sekunden mit einem Teesieb aus dem Calazoon-Bad herausnehmen und mit klarem Wasser abspülen.

ANRICHTEN: 4 – 5 Sahnekirschen in eine hohe Cocktailschale füllen. 7 cl eiskaltes Schwarzwälder Kirschwasser und 3 cl Bols Maraschino verrühren und damit die Cocktailschale zu drei Vierteln auffüllen. Den Mozart-Espuma als Topping darüber geben. Schokolade darüber raspeln und mit einer Cocktailkirsche dekorieren.

Zubehör

- **Drop-Löffel**
- **Teesieb**

Zutaten für 1 Cocktail

- **3 cl Baileys**
- **3 cl Kaffee Crème**
- **3 cl Kahlúa**
- **4 cl Algizoon-Lösung**
- **4 cl Brauner Rum**
- **8 cl Bananensaft**
- **3 EL Bananenpüree**
- **2 cl Sahne**
- **Crushed-Ice**
- **Calazoon-Bad**

Gorilla Milk Liquid Drops

Cremiger Bananengeschmack mit verkapseltem Kaffee – ein molekularer Hit!
Schwierigkeitsgrad: geübte Drops-Maker kriegen es problemlos hin

1. Algizoon-Lösung

Nach Anleitung auf Seite 16 vorbereiten.

2. Calazoon-Bad

Nach Anleitung auf Seite 16 vorbereiten.

3. Herstellung der Kaffee Crème Drops

4 cl Algizoon-Lösung mit 3 cl Baileys, 3 cl Kaffee Crème und 3 cl Kalhúa verrühren. Mischung mit dem Drop-Löffel in das Calazoon-Bad eintropfen, sodass große runde Drops entstehen (siehe Anleitung S. 16). Die Drops nach etwa 30 Sekunden mit einem Teesieb aus dem Calazoon-Bad herausnehmen, mit klarem Wasser abspülen und auf einem Trockentuch abtropfen lassen. Der Ansatz ergibt etwa 25 Drops.

4. Herstellung des Cocktails

Für den Grundcocktail 4 cl Braunen Rum, 8 cl Bananensaft, 3 EL Bananenpüree und 2 cl Sahne mixen.

ANRICHTEN: Cocktailschale zu drei Vierteln mit Crushed-Ice füllen, 10 bis 15 Kaffee-Crème-Liquid-Drops zugeben und mit dem Grundcocktail auffüllen. Servieren Sie den Cocktail mit einem Kaffeelöffel.

1. alkoholisch

Swimming Blue
Bloody Mary Summer '07
Rhabarber Shot Burger
Basilika Sour
Cosmopolitan To Go
Dry Martini mit falscher Olive
Caipirinha mit Zuckerwatte
Apple Carrot
Piña Colada
Big Apple

Kleine Heraus-forderungen

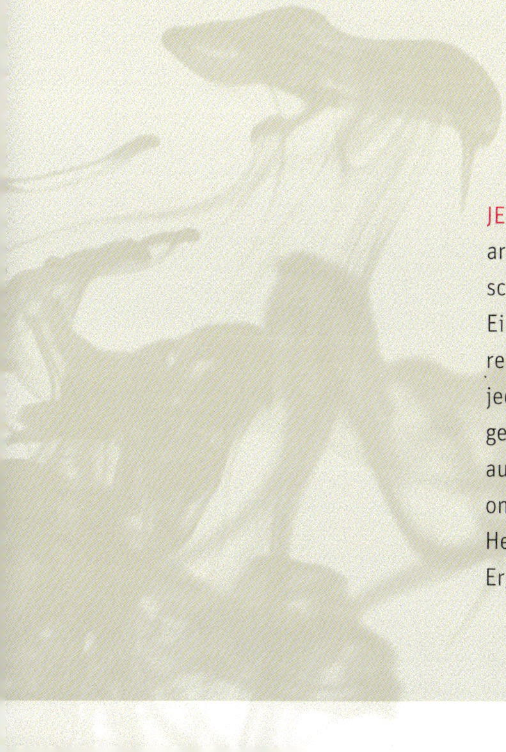

JETZT WIRD'S RICHTIG SPANNEND – aber auch arbeits- und zeitintensiv! Die folgenden Cocktails schüttelt man nicht mal schnell aus dem Handgelenk. Einige Rezepte erfordern spezielles Zubehör. Für andere benötigt man ausgefallene Zutaten, die es nicht an jeder Ecke gibt. Bei manchen Zubereitungen kommen gewiefte Hobby-Barkeeper ganz groß raus. Ein paar auch handwerklische Fähigkeiten sowie Konzentration und präzises Arbeiten ist immer angesagt. Kleine Herausforderungen eben! Die atemberaubenden Ergebnisse entschädigen aber allemal für die Mühen.

Zubehör
- **elektr. Handrührgerät**
- **Sahnesiphon**
- **Sahnepatrone**
- **Form für Eisschnapsgläser**

Zutaten für 2 Cocktails
- **6 cl Kokosmilch**
- **2 cl Kokossirup**
- **5 cl Celluzoon-Lösung**
- **8 gestr. Dosierlöffel Xanthazoon**
- **12 cl Blue Curaçao**
- **3 gestr. Dosierlöffel Agazoon**
- **Kokosraspeln**

Swimming Blue

Ein köstlicher Hingucker – auch das Glas ist Bestandteil des Cocktails.
Schwierigkeitsgrad: das Schwierigste ist das Besorgen der Form und das Einfüllen des Gelees

1. Celluzoon-Lösung

Nach Anleitung auf S. 18 vorbereiten.

2. Vorbereitung des Kokos-Espuma

6 cl Kokosmilch, 2 cl Kokossirup und 5 cl Celluzoon-Lösung verrühren, dann Xanthazoon-Pulver beifügen und mit dem Handrührgerät verrühren, in einen Sahnesiphon geben, eine Sahnepatrone aufschrauben, gut schütteln und über Nacht kalt stellen.

3. Herstellung der Geleegläser

12 cl Blue Curaçao bei mittlerer Hitze mit 3 Löffeln Agazoon aufkochen. Vorsichtig in Formen für Eisschnapsgläser füllen (Anleitung des Form-Herstellers beachten), im TK-Fach über mehrere Stunden kühlen und herausnehmen.

ANRICHTEN: Schaum in die Geleegläser füllen und mit Kokosraspeln dekorieren.

Bloody Mary

Eine »unblutige« klare Bloody Mary mit Gin und Sellerieluft.
Schwierigkeitsgrad: hier kommt es aufs Zubehör an

Summer'07

Zubehör
- **Entsafter**
- **Kaffeefilter oder Superbag**
- **Pipette oder Spritze**
- **Teesieb**
- **elektr. Handrührgerät** (alternativ: Milchaufschäumer)

Zutaten für 3 Cocktails
- **1 kg aromatische Tomaten**
- **5 TL Xanthazoon-Lösung**
- **1 Bund Sellerie**
- **Salz**
- **Pfeffer**
- **Tabasco**
- **Zitronensaft**
- **Zucker**
- **2 cl Celluzoon-Lösung**
- **1 gestr. Löffel Xanthazoon**
- **2 cl Algizoon-Lösung**
- **Calazoon-Bad**
- **12 cl Gin** (z. B. Beefeater)

1. Algizoon-Lösung

Nach Anleitung auf S. 16 vorbereiten.

2. Calazoon-Bad

Nach Anleitung auf S. 16 vorbereiten.

3. Celluzoon-Lösung

Nach Anleitung auf S. 18 vorbereiten.

4. Xanthazoon-Lösung

Nach Anleitung auf S. 18 vorbereiten.

5. Vorbereitung des Cocktails

1 kg aromatische Tomaten durch den Entsafter geben und den aufgefangenen, trüben Saft im Kaffeefilter oder Superbag filtern. Den klaren Saft mit 5 TL Xanthazoon-Lösung leicht binden und abgedeckt kaltstellen. 1 Bund Staudensellerie waschen und durch den Entsafter geben.

6. Herstellung des Sellerie-Espuma

18 cl Selleriesaft mit Salz, Pfeffer, Tabasco, einem Spritzer Zitronensaft und einer kleinen Prise Zucker würzen, mit 2 cl Celluzoon-Lösung und 1 gestrichenen Dosierlöffel Xanthazoon vermischen. Die Lösung mithilfe eines elektrischen Handrührgerät aufschäumen.

7. Herstellung der Sellerie-Perlen

5 cl Selleriesaft mit 2 cl Algizoon-Lösung vermischen und mit einer Pipette oder Spritze in das vorbereitete Calazoon-Bad tropfen, die grünen Perlen in klarem Wasser spülen. Der Ansatz reicht für ca. 300 Perlen.

ANRICHTEN: Je 16 cl Tomatensaft und 4 cl Gin mischen und in eine kalte Cocktailschale geben, 1 TL Sellerieperlen dazu und vorsichtig verrühren, sodass die Perlen darin verteilt sind. Sellerie-Espuma auf den Cocktail geben. Nicht umrühren, man soll »durch den Schaum« trinken (ähnlich wie bei einem Irish Coffee).

Zubehör

- Pürierstab
- elektr. Rührgerät
- Eiswürfelform (hitzebeständig)
- Drop-Löffel
- Teesieb
- eckiges Shooterglas

Zutaten für 6 – 8 Cocktails

- 4 Rhabarberstangen
- 10 cl Rhabarberlikör (z. B. De Kuyper Sour Rhubarb)
- 3 gestr. Dosierlöffel Agazoon
- 3 cl Algizoon-Lösung
- ein paar Stückchen bissfest gekochter Rhabarber
- 2 cl Celluzoon-Lösung
- 1 gestr. Dosierlöffel Xanthazoon
- Calazoon-Bad

Rhabarber Shot Burger

Ein Cocktail als saftiger Burger
Schwierigkeitsgrad: macht etwas Arbeit und erfordert beim Schichten ein geschicktes Händchen

1. Algizoon-Lösung

Nach Anleitung auf S. 16 vorbereiten.

2. Calazoon-Bad

Nach Anleitung auf S. 16 vorbereiten.

3. Celluzoon-Lösung

Nach Anleitung auf S. 18 vorbereiten.

4. Herstellung des Rhabarber-Gelees

Den frischen Rhabarber pürieren. 8 cl zur Seite stellen und das übrige Püree mit 4 cl Rhabarberlikör vermischen. Anschließend passieren und mit Agazoon-Pulver aufkochen. Eiswürfelform zur Hälfte füllen. Im Kühlschrank gelieren lassen.

5. Herstellung des Rharbarber-Drops

6 cl Rhabarberlikör und 3 cl Algizoon-Lösung vermischen. Mithilfe eines Drop-Löffels im Calazoon-Bad einen Drop erstellen, in dem ein Stückchen Rhabarber eingefügt ist. Nach ca. 30 Sekunden mit dem Sieb herausnehmen.

6. Herstellung des Rharbarberschaums

8 cl Rhabarberpüree mit Xanthazoon-Pulver und Celluzoon-Lösung mit dem Handrührgerät aufschlagen, sodass ein fester Schaum entsteht.

ANRICHTEN: In einem eckigen Shooterglas zuerst ein wenig Schaum auf den Boden legen. Anschließend das feste Gelee aus den Eiswürfelformen darüber legen. Diesen Vorgang mehrmals wiederholen und zum Schluss den Drop auf eine Geleeschicht legen.

Zubehör

- scharfes kleines Messer
- Topf
- flache Schale
- Schneebesen
- Schwarzlichtröhre (230 V)
- Whiskytumbler

Zutaten für 1 – 2 Cocktails

- 1 Apfel
- 1 Bund Basilikum
- etwas Zitronensaft
- 10 cl Gin
- 16 cl Apfelsaft trüb
- 3 gestr. Dosierlöffel Agazoon
- 2 cl Limettensaft
- 2 gestr. Dosierlöffel Illuzoon
- 3 cl Celluzoon-Lösung
- 1 gestr. Dosierlöffel Xanthazoon

Basilika Sour

Cuisine Style auf die molekulare Spitze getrieben – eine Kreation voller Raffinesse.

Schwierigkeitsgrad: viel Küchenarbeit bevor es in der Bar weitergeht

1. Celluzoon-Lösung

Nach Anleitung auf S. 18 vorbereiten.

2. Herstellung der mit Gelee überzogenen Basilkumblätter und Apfelscheiben

Frische Basilikumblätter zupfen, Apfelhälfte schälen, entkernen und in feine Scheiben schneiden – mit Zitronensaft beträufeln. 10 cl Gin, 4 cl Apfel- und 3 cl Limettensaft mit dem Agazoon-Pulver vermischen und aufkochen. In einer Schale das Gemisch mit einer Stärke von ca. 0,5 cm ausgießen und frische Basilikumblätter und die abgetropften Apfelscheiben hineingeben. Nach dem Gelieren mit einem Messer ausschneiden und mit einer Palette aus der Schale nehmen. Das Ergebnis sollten Basilikumblätter und Apfelscheiben sein, die dünn mit Gelee überzogen sind.

3. Herstellung des Apfel-Basilikum-Schaums

Eine Hand voll frischer Basilikumblätter in feine Streifen schneiden. 6 cl Apfelsaft, 1 EL Basilikumstreifen, 3 cl Celluzoon-Lösung und 1 gestr. Dosierlöffel Xanthazoon mit dem Schneebesen zu Schaum aufschlagen.

ANRICHTEN: 6 cl Apfelsaft, 2 cl Limettensaft mit dem Illuzoon-Pulver vermischen. Das Ganze in einen Whiskytumbler geben. Die mit Gelee überzogenen Basilikumblätter und Apfelscheiben in den Drink legen. Apfel-Basilikum-Schaum darüber legen. Unter Schwarzlicht servieren.

Zubehör

- **ca. 25 leere Tuben à 25 ml Inhalt** (Apotheke)
- **Tubenzange** (alternativ: kleine Flachzange)

Zutaten für 1 Tube

- **15 cl Wodka mit Zitronenaroma** (z. B. Absolut Citron)
- **7,5 cl Cointreau oder Triple Sec**
- **5 cl frischer Limettensaft**
- **7,5 cl Lime Juice Cordial**
- **15 cl Cranberry Juice** (Ocean Spray)
- **10 gestr. Dosierlöffel Xanthazoon**

Cosmopolitan To Go

Ein Partyknaller!
Schwierigkeitsgrad: heimwerkerische Fähigkeiten sind beim Verschließen der Tuben gefragt

5 cl Wasser und 15 cl Cranberry Juice mischen und das Xanthazoon-Pulver klumpenfrei einrühren, die anderen Zutaten dazugeben und 1 Stunde im Kühlschrank ausquellen lassen. Mit einer Spritze oder kleinem Löffel in die Tuben füllen und dann mit der Tuben-Zange oder Flachzange fest und dicht verschließen. Im Kühlschrank aufbewahren.

ANRICHTEN: Der Cocktail kann direkt aus der Tube in den Mund gedrückt werden.

Zubehör

- **Topf**
- **elektr. Handrührgerät**
- **Palette**
- **runde Schablone** (Durchmesser ca. 5 cm)
- **Silikonmatte**
- **Microplane-Reibe**
- **rechteckige, hitzebeständige Form**

Zutaten für 5 – 6 Cocktails

- **150 g grüne Oliven**
- **0,5 cl Glucosesirup**
- **25 g Isomalt**
- **20 g Puderzucker**
- **30 cl Gin** (z. B. Beefeater)
- **5 gestr. Dosierlöffel Agazoon**
- **9 cl Noilly Prat** (oder einen anderen trockenen Wermut)
- **1 cl Celluzoon-Lösung**

Dry Martini mit falscher Olive

Nicht geschüttelt oder gerührt, sondern getrocknet, geschäumt, geliert und geraspelt …
Schwierigkeitsgrad: ambitionierte Molekular-Fans machen es mit links, nur das Herstellen der falschen Olive macht Arbeit

1. Celluzoon-Lösung

Nach Anleitung auf S. 18 vorbereiten.

2. Herstellung der Olivenchips

Die Oliven sehr fein pürieren und mit dem Glucosesirup, Isomalt und Puderzucker im Topf bei 80 °C zu einer homogenen Masse mixen. Die Masse mit einer Palette auf eine Silikonmatte ausstreichen und mit der Schablone runde Kreise ausstechen. Die Olivenkreise im Ofen bei 120 °C ca. eine halbe Stunde trocknen. Trocken lagern, da sie sonst weich werden.

3. Vorbereitung des Cocktails

10 cl Wasser mit dem Agazoon aufkochen und den Gin dazugeben. Die Mischung in ein rechteckiges Gefäß geben und zum Festwerden kaltstellen. Danach das eiskalte Gin-Gelee mit einer Microplane-Reibe in feine Streifen reiben und in ein Cocktailglas geben. 9 cl Noilly Prat mit 1 cl Celluzoon-Lösung vermischen und mittels eines Handrührgeräts oder Milchaufschäumers einen Schaum herstellen.

ANRICHTEN: 1 EL Schaum auf das Gelee im Glas geben. Mit Olivenchip garnieren und mit einem Löffel servieren. Schaum und Gelee sollten vor dem Essen vermischt werden.

Zubehör
- **Topf**
- **Klarsichtfolie**
- **Tesafilm**
- **runde, hitzebeständige Formen** (z. B. runde Eiswürfelformen)
- **Aufschnittmaschine**
- **Backblech**
- **Silikonmatte**
- **Zuckerwattemaschine**

Zutaten für 8 – 10 Cocktails
- **2 Bio-Limetten**
- **10 gestr. Dosierlöffel Agazoon**
- **20 cl Cachaça** (z. B. Janeiro)
- **8 cl frischer Limettensaft**
- **2 cl Lime Juice Cordial**
- **Puderzucker**

Caipirinha mit Zuckerwatte

Ein eiskaltes und alkohollastiges Cocktailhäppchen, das auch optisch viel hermacht.
Schwierigkeitsgrad: für Ungeübte eine Herausforderung, Heimwerker und Hobbyköche tun sich leichter

1. Herstellung der Limettenchips

Limetten unter heißem Wasser waschen, die Schale abreiben und beiseite stellen. Dann die Limetten vorsichtig schälen, die weiße Haut soweit wie möglich entfernen, aber das Fruchtfleisch nicht zerstören, dann kurz anfrieren und mit einer Aufschnittmaschine in sehr dünne Scheiben schneiden, mit Puderzucker bestäuben und bei 60 – 70 °C im Ofen auf einem Backblech mit Silikonmatte trocknen (geht auch im Dörrautomaten). Die fertigen Chips trocken lagern, sie nehmen sonst Luftfeuchtigkeit auf und werden weich.

2. Zuckerwatte herstellen

Aus dem Puderzucker in der Maschine Zuckerwatte herstellen (nach Anleitung des Herstellers).

3. Herstellung des Caipirinha-Gelees

10 cl Wasser mit 10 gestr. Dosierlöffeln Agazoon unter Rühren bei mittlerer Hitze aufkochen, vom Feuer nehmen. 20 cl Cachaça, 8 cl Limettensaft und 2 cl Lime Juice Cordial dazugeben, die Mischung in die runden Formen gießen und im Kühlschrank fest werden lassen. Das Gelee vorsichtig aus den Formen herausdrücken und einfrieren.

ANRICHTEN: Je eine Portion gefrorenes Caipirinha-Gelee auf einem Limettenchip oder zwischen 2 Chips anrichten und mit Zuckerwatte und Limettenabrieb garnieren. Wer keine Zuckerwattemaschine hat, kann auch einfach etwas braunen Rohrzucker auf das Gelee geben.

Zubehör
- **Topf**
- **Backpapier**
- **Palette**
- **Sahnesiphon**
- **Sahnepatrone**
- **Drop-Löffel**
- **Teesieb**

Zutaten für 10 –12 Cocktails
- **3 Karotten**
- **1 Apfel**
- **4 cl Honigsirup**
- **4 cl Apfelsirup**
- **3 cl Wodka**
- **2 TL brauner Zucker**
- **2 gestr. Dosierlöffel Agazoon**
- **15 cl Möhrensaft**
- **20 cl Milch**
- **5 cl Sahne**
- **4 cl Celluzoon-Lösung**
- **3 gestr. Dosierlöffel Xanthazoon**
- **8 cl Apfellikör**
- **3 cl Algizoon-Lösung**
- **Calazoon-Bad**

Apple Carrot

Cocktail im Cuisine Style als molekulare Kreation
Schwierigkeitsgrad: da kann man sich erst mal in der Küche richtig austoben, bevor es an die Bar zur Feinarbeit geht

1. Celluzoon-Lösung

Nach Anleitung auf S. 18 vorbereiten.

2. Calazoon-Bad

Nach Anleitung auf S. 16 vorbereiten.

3. Algizoon-Lösung

Nach Anleitung auf S. 16 vorbereiten.

4. Vorbereitung der Karottenstreifen und Apfelscheiben

Eine Karotte schälen, in kleine, feine Streifen schneiden und im TK-Fach kurz anfrieren lassen. Einen halben Apfel schälen, in dünne, längliche Scheiben schneiden und im TK-Fach kurz anfrieren lassen.

5. Herstellung der Apfel-Honig-Taler

4 cl flüssigen Honigsirup und 4 cl Apfelsirup mit 2 TL braunem Zucker und dem Agazoon-Pulver unter ständigem Rühren aufkochen. Von der Feuerstelle nehmen und Wodka hinzugeben. Die Masse 5 – 10 Minuten abkühlen lassen, damit sie etwas zähflüssiger wird. Dann die Flüssigkeit auf einem großen Stück Backpapier stückweise ausgießen, sodass runde Taler von 3 cm Durchmesser entstehen. Kalt stellen.

6. Herstellung eines Möhren-Milch-Espumas

15 cl Möhrensaft, 20 cl Milch, 5 cl Sahne, 4 cl Celluzoon-Lösung und das Xanthazoon-Pulver verrühren. In einen Sahnesiphon geben und eine Patrone aufschrauben. Gut schütteln!

7. Vorbereitung der Karotten-Einlage

1 kleine Karotte in dünne Scheiben schneiden und bissfest blanchieren.

8. Herstellung des Apfel-Drops

8 cl Apfellikör mit 3 cl Algizoon-Lösung verrühren. Einen Teil der Apfellikör-Algizoon-Lösung in einen Drop-Löffel füllen und eine Karotten-Scheibe hinzugeben. Daraus im Calazoon-Bad ein Drop herstellen und nach ca. 30 Sekunden mit dem Sieb entnehmen.

ANRICHTEN: Auf einem kleinen Teller in der Mitte den Espuma ausbreiten. Die Apfel-Honig-Taler vorsichtig mit einer Palette vom Backpapier nehmen und seitlich an den Schaum legen. Die Drops um den Schaum verteilen. Die gefrorenen Möhrenstreifen und Apfelscheiben in den Schaum stecken.

Zubehör

- Aufschnittmaschine
- Silikonmatte
- Microplane-Reibe
- Drop-Löffel
- Teesieb

Zutaten für 10 – 12 Cocktails

- 500 g Zucker
- 1 Ananas
- 25 cl heller kubanischer Rum (z. B. Havana Club 3 Años)
- 12 gestr. Dosierlöffel Agazoon
- 3 cl Algizoon-Lösung
- 5 cl Kokosmilch
- 4 cl Malibu
- Calazoon-Bad

Piña Colada

Ein wunderbarer Textur-Mix als neue Variation zum altbekannten Thema.
Schwierigkeitsgrad: steht und fällt mit dem Besorgen des richtigen Zubehörs

1. Herstellung der Ananas-Chips

Aus 500 g Zucker und 0,5 l Wasser einen Sirup kochen. Die Ananas auf der Aufschnittmaschine in hauchdünne Scheiben schneiden und mittig rund ausstechen (ca. 6 – 7 cm Durchmesser). Die Scheiben in dem heißen Zuckersirup ziehen lassen (immer nur ein paar, nicht alle auf einmal), bis sie leicht glasig sind, dann glatt auf eine Silikonmatte geben und im Ofen bei 60 – 70 °C trocknen lassen (oder im Trockenautomaten). Trocken lagern.

2. Herstellung des Rum-Gelees

15 cl Wasser mit 12 gestrichenen Löffeln Agazoon unter Rühren bei mittlerer Hitze aufkochen, vom Feuer nehmen, dann den Rum dazugeben und in ein rechteckiges Gefäß gießen, zum Gelieren kaltstellen.

3. Algizoon-Löung

Nach Anleitung auf S. 16 vorbereiten.

4. Calazoon-Bad

Nach Anleitung auf S. 16 vorbereiten.

5. Herstellung der Kokoskugeln

5 cl Kokosmilch, 4 cl Malibu und 3 cl Algizoon-Lösung miteinander verrühren. Mit dem Droplöffel je 5 ml der Mischung in das Calazoon-Bad geben, um Kugeln zu formen. Nach ca. 1 Minute mit dem Teesieb entnehmen und in klarem Wasser abspülen.

ANRICHTEN: Das Gelee über einer Schale mit einer Microplane-Reibe zu langen Fasern (ähnlich wie Glasnudeln) reiben. Je 1 TL davon auf einem Ananas-Chip anrichten und mit einer Kokoskugel belegen.

Ein Tipp: Kann auch in mehreren Schichten wie ein Mille feuille angerichtet werden.

Zubehör

- **Topf**
- **Schneebesen**
- **3 Eierbecher** (alternativ runde bzw. halbkugelige Formen)
- **eine Form für eine Scheibe** (z. B. der Deckel eines kleinen Nutellaglases)
- **Shaker**
- **Bostonglas**

Zutaten für 1 Cocktail

- **7 cl Apfelsaft**
- **70 g Apfelmus**
- **2 cl Blue Curaçao**
- **6 gestr. Dosierlöffel Agazoon**
- **4 cl Premium Wodka**
- **1 cl Calvados**
- **1 cl Amaretto**
- **2 cl Limettensaft**
- **1 cl Zitronensaft**
- **1 Prise Zimt**
- **ca. 10 cl klarer Apfelsaft**
- **Crushed-Ice**
- **Cocktailkirsche**

Eine ganz spezielle Variation des berühmten Apfel-Cocktails – schmeckt einzigartig!
Schwierigkeitsgrad: macht etwas Arbeit und erfordert dekorative Fähigkeiten

Big Apple

1. Herstellung des festen Gelees

7 cl Apfelsaft, 70 g Apfelmus und 2 cl Blue Curaçao mit dem Agazoon-Pulver in einen Topf geben und die Mischung unter ständigem Rühren kurz aufkochen (siehe Anleitung S. 20). Die heiße Mischung dann in die Eierbecher und die Scheibenform ausgießen. Zum Abkühlen und Gelieren an einen kalten Ort stellen. 2 der gefüllten Eierbecher ins Eisfach stellen.

2. Mischung des Grundcocktails

4 cl Premium Wodka, 1 cl Calvados, 1 cl Amaretto, 2 cl Limettensaft, 1 cl Zitronensaft und 1 Prise Zimt in einen Shaker geben und mit dem klaren Apfelsaft aufgießen.

ANRICHTEN: Den Grundcocktail in ein zu drei Vierteln mit Crushed-Ice gefülltes Bostonglas geben. Die zwei gefrorenen Kugeln hinzugeben. Die gelierte Scheibe auf den Cocktail legen und mit einer halben Kugel und einer Cocktailkirsche zu einer Art Dach mit einem Cocktailspieß zusammenstecken. Anschließend 4 TL Apfelmus auf der Scheibe verteilen. Die Scheibe sinkt etwas ab und ein wenig Cocktailflüssigkeit tritt nach oben. Der Cocktail wird durch das Apfelmus getrunken.

ADRESSEN DER BARKEEPER

DANIEL HOFFMANN

Cocktail X Bar
Raumerstr. 17a
10437 Berlin
www.cocktailxbar.de

SVEN WALLNEWITZ

BARline
Postfach 1224
71002 Böblingen
www.barline.de

TIZIANO MORI

Crazy Cocktail
Goethestr. 2
55271 Stadecken
www.crazy-cocktail.de

CHRIS HILGER

Bar Alexander
Düsselstr. 71
40219 Düsseldorf
www.bar-alexander.com

MARIO KÖRBER

Flying Barkeeper
Hauptstr. 116
53721 Siegburg
www.barkeeper.de

AXEL HERZ

Le Royal Méridien Hamburg
An der Alster 52 – 56
20099 Hamburg
www.hamburg.lemeridien.de

FRANK KUSKE

Binnen Bremer Bar
Maritim Hotel und Congress Centrum Bremen
Hollerallee 99
28215 Bremen
www.maritim.de

ANGELIKA-ARIANS DERIX

Die Gastronauten
Adersstr. 26
40215 Düsseldorf
www.die-gastronauten.de

BEZUGSQUELLEN A - Z

AUSGEFALLENE SPIRITUOSEN UND WEITERE ZUTATEN ERHALTEN SIE BEI **www.barfish.de/catalog**, **www. barstuff.de** ODER Z. B. DIREKT BEI **www.bols.de** UND **www. mozart-distellerie.com**

BARSIEB Standard-Cocktailzubehör liefert **www.barstuff.de**

COCKTAILGLÄSER Standard-Cocktailzubehör liefert **www.barstuff.de**

COCKTAILSTÄBE Standard-Cocktailzubehör liefert **www.barstuff.de**

EISSCHNAPSGLÄSER **www.pearl.de**

EISWÜRFELFORMEN ALLER ART **www.pearl.de**

EIS-CRUSHER **www.pearl.de**

HAPPY SPOONS **www.biozoon.de/shop**

ISOMALT **www.bosfood.de/**

MICROPLANE REIBE Bos Food GmbH, **www.bosfood.de/**

PIPETTEN KUNSTSTOFF **www.biozoon.de/shop**

REAGENZGLÄSER **www.carlroth.de, www.vwr.de**

SHAKER Standard-Cocktailzubehör liefert **www.barstuff.de**

SHOOTERGLAS Standard-Cocktailzubehör liefert **www.barstuff.de**

SPRITZEN **www.biozoon.de/shop** oder Apotheken, in verschiedenen Größen

SUPERBAG **www.frischeparadies.de**

TROCKENEIS **http://www.cleanas.de/trockeneis_bestellung.html**

TROPFFLASCHEN für Kügelchen und Spoon Cocktails finden Sie unter **www.biozoon.de/shop**

TUBEN Apotheken, in verschiedenen Größen (15 – 120 ml), Hersteller z. B. Aponorm)

UV-LEUCHTEN Schwarzlichtleuchten für Ihre fluoreszierenden Cocktails liefert **www.party-lichteffekte.de/category/UV-Schwarzlicht_Komplettsets.html**

ZUCKERWATTE-MASCHINE **www.pearl.de**

Alle TEXTURGEBER für die aufgeführten Cocktails und den auf S. 9 beschriebenen BAUSATZ finden Sie bei www.biozoon.de/shop

Rezeptregister

3 gefüllte Spoon-Cocktails 84
3 Spoon-Cocktails 83

After Nine 68
Aperol Sour für Messer und Gabel 78
Aperol Sour 69
Apple Carrot 108

B52 – Oral Explosion 72
Bacardi Razz light 34
Basilika Sour 101
Big Apple 115
Bloody Mary Summer '07 98
Bombay Crush mit Zitronengras 33
Bombay crushed 52

Caipirinha mit Zuckerwatte 106
Campari Orange 74
Casino Royale 30
Cosmopolitan To Go 102

Dry Martini 105

Falscher Cappuccino 53
Frozen Russian 67

Geschäumter Bounty 39
Geschäumter Daiquiri mit Erdbeer-Drops 79
Gin Fizz Espuma 28
Gorilla Milk Liquid Drops 93

Hot Peach Lolli 90

Ipanema 58

Kahlúa Tropical 75
Kir Royale light 56
Konfetti-Punsch 88

Mit Martini gefüllte Oliven 76
Mojito 46

Piña Colada in Pitaya 62
Piña Colada 112

Rhabarber Shot Burger 100

Schwarzwälder Kirsch 92
Sex on the Beach 36
Solero Upside Down 110
Soleroschaum auf Kokosnuss 81
Space Würfel 91
Spicy Bloody Mary Espuma 54
Spoon Cocktail Nutty Colada 64
Stabilisierter Strawberry Colada 86
Strawberry Daiquiri 50
Strawberry Margerita 71
Swimming Blue 97

Tequila Sunrise verkapselt 49
Tequila-Schaum in Rambutan 45

Wodka Gimlet 42
Wodka Melon Sticks 40

Sachregister

Agar-Agar | 10
Agazoon | 8, 10, 15, 20, 40, 42, 46, 50, 52, 62, 71, 74, 78, 86, 88, 89, 90, 91, 97, 100, 101, 105, 106, 108, 110, 112
Alginat | 11
Algizoon | 8, 11, 12, 15, 16, 49, 50, 54, 56, 64, 67, 68, 69, 72, 74, 76, 78, 79, 83, 84, 88, 89, 92, 93, 98, 100, 108, 110
Amaretto | 39, 64, 112
Ananas | 110
-saft | 36, 39, 45, 62, 64, 81, 86
Aperol | 69, 78, 83, 84
Apfel | 88, 101, 108
-likör | 108
-mus | 112
-saft | 101, 112
-sirup | 108
Aprikosenlikör | 40
Aromaperlen | 8, 9, 15, 16, 22, 24

Bacardi Razz | 34
Baileys Irish Cream | 72
Bananen
-püree | 83
-saft | 88, 93
-likör | 88
Barsieb | 53, 115
Basilikum | 101
Blue Curaçao | 67, 91, 97, 112
Bols Maraschino | 92
Brandy de Jerez | 53

Cachaça | 106
Calazoon | 8, 11, 12, 15, 16, 49, 54, 56
Calazoon-Bad | 12, 16, 49, 54, 56, 64, 67, 68, 78, 79, 84, 92, 93, 98, 100, 108, 110
Calcium | 11, 12, 16
Calcium-Lactat | 12
Calvados | 67, 112
Campari | 74
Carotinoide | 15
Cellulose | 13
Celluzoon | 8, 13, 18, 28, 33, 36, 39, 45, 53, 58, 68, 69, 71, 79, 81
Celluzoon-Lösung | 91, 92, 97, 98, 100, 101, 105, 108
Chili | 84, 90
Cocktailbedarf | 115
Cocktailfood | 6
Cocktailkirschen | 92
Cocktailkonfekt | 24
Cocktailstäbe | 40, 115
Cointreau | 71, 102
Cranberry
-sirup | 56, 115
-juice | 56, 68, 102, 115
Crema de Alba | 53
Crème de Cassis | 45
Crushed-Ice | 33, 39, 58, 67, 75, 79, 93, 112

Dosieren | 9, 16-24
Drop-Löffel | 7, 8, 9, 16

Eiswürfel, nicht schmelzend | 20, 24
Erdbeere | 50, 86
-sirup | 79, 86
-püree | 71, 79
Espuma | 28, 33, 36, 53, 54, 64, 69, 74, 92, 97, 98, 109

Farboptimierung | 15
Farbstoff, natürlicher | 9, 15, 24
Festigkeit | 10, 11, 12, 16, 22
Fluide Gel | 8, 14
Fluoreszenz | 15, 24, 115
flüssige Tropfen | (S. Liquid-Drops)

Galliano | 83
Geliermittel | 10, 11, 12, 16
Gelkapsel | 12, 14, 15, 24
Gewürznelke | 88
Gin | 28, 33, 53, 76, 98, 101, 105
Glucosesirup | 105
Grand Marnier | 84
Grenadine | 36, 45, 49, 75, 83

Himbeeren | 84
Honigsirup | 108

Illuzoon | 8, 9, 15, 24, 30, 34, 97
Ingwer | 67, 88
Isomalt | 105, 115

Jamaika Rum | 62

Kaffee Crème
Kahlúa | 93
Kandiszucker | 88
Kina Lillet | 30
Kirschlikör | 82
Kokos | 81
-milch | 97, 110
-raspeln | 81, 86, 97
-sirup | 39, 62, 81, 86, 97
Koriander | 88, 89
Kräutersaft | 54
Kumquat | 33, 52

Licor43 | 81, 92
Lime Juice Cordial | 52, 71, 102, 106
Limetten | 42, 46, 58, 102, 106
-saft | 13, 33, 46, 50, 58, 67, 71, 79, 86, 101, 102, 106, 112
Liquid-Drops | 8, 11, 16
Lycozoon | 15, 24, 68, 78

Malibu | 110
Mandelsirup | 64
Maracuja | 69
-likör | 88, 106
-nektar | 91, 106
-saft | 45, 58, 75, 81, 88
Melone | 40
Messbecher | 9
Microplane-Reibe | 105, 115
Milch | 10, 12, 15, 108
Minze | 46, 86
Möhre | 108
-saft | 108
Mozart Black | 53
Mozart Liqueur | 68

Natronpulver | 46
Noilly Prat | 30, 76, 105

Oliven | 14, 22, 60
-, grüne | 76, 105
Orangen | 74, 91
-likör | 71, 91
-saft | 36, 40, 49, 69, 74, 75, 78

Passionsfrucht 60, 69
Pfeffer | 54, 94
Pfefferminzlikör | 68
Pfirsich
-, getrocknet | 90
-likör | 36, 90, 115
-sirup | 90
Physalis | 91, 106
Piment | 88
Pipette | 8, 9, 16, 115
Pitaya | 13, 60, 62
Puderzucker | 78, 105, 106

Rambutan | 26, 45
Rhabarber | 100
-likör | 100
Riboflavin | 15
Rohrzucker | 33, 46, 52, 102, 115
Rum | 20, 50, 72
-, brauner | 93
-, Jamaika | 62, 86
-, heller, kubanischer | 46, 100
-, weißer | 79, 88

Sahne | 39, 62, 64, 68, 81, 83, 86, 92, 93, 108
Sahnesiphon | 13, 18, 22, 36, 39, 53, 64, 68, 69, 71, 74, 81, 97, 108
Säuregehalt | 12
Schokoflocken | 39
Schokolade | 75
-, dunkle | 68, 84, 92
Schwarzlicht | (S. UV-Licht)
Schwarzwälder Kirschwasser | 92
Sekt, alkoholfrei | 56
Sellerie | 54, 98
-saft | 54, 98
Shaker | 112, 115
Shooterglas | 34, 72, 100
Silikonmatte | 105, 106, 115
Sprite | 34
Stößel | 15
Superbag | 98, 115

Tabasco | 98
Tee, weißer | 88
Tequila | 26, 45, 49, 81
-, Sierra | 75
-, weiß | 71
Textur | 9 – 22
Tia Maria | 53

Tomaten | 98
-saft | 54
Triple Sec | 71, 102
Trockeneis | 30, 115
Tuben | 102, 115

UV-Licht | 15, 24, 30, 34, 101, 115

Verdickungsmittel | 8, 11, 22
Verkapselung | 11, 16
Vincent van Gogh Vodka Chocolate | 68

Wermut | 30, 76, 105
Wodka | 20, 26, 30, 36, 40, 42, 54, 67, 90, 91, 102, 108, 112
-, Absolut Vodka Ruby Red | 91
-, Vincent van Gogh Chocolate | 68

Xanthan | 14
Xanthazoon | 8, 13, 14, 18, 22, 28, 33, 36, 39, 45, 53, 54, 58, 64, 68, 69, 74, 75, 79, 81, 91, 92, 97, 98, 100, 101, 102, 108

Zimt | 88, 112
Zitronen | 28
-gras | 26, 33, 40, 67
-saft | 11, 28, 36, 40, 42, 49, 50, 69, 75, 78, 88, 90, 98, 101, 112
Zucker | 8, 69, 71, 74, 98, 110
-, brauner | 52, 58, 108
-sirup | 28, 79, 115
Zuckermoleküle | 8
Zuckerwattemaschine | 102, 115